“十三五”全国高等院校人力资源管理系列规划教材

PERSONNEL ASSESSMENT

人才测评

葛玉辉◎主编　焦忆雷 毛双庆 王传征◎副主编

電子工業出版社
Publishing House of Electronics Industry
北京 • BEIJING

图书在版编目（CIP）数据

人才测评 / 葛玉辉主编. —北京：电子工业出版社，2020.3
ISBN 978-7-121-37875-1

Ⅰ. ①人… Ⅱ. ①葛… Ⅲ. ①人员测评－高等学校－教材 Ⅳ. ①C962

中国版本图书馆 CIP 数据核字(2019)第 253180 号

策划编辑：刘淑丽
责任编辑：刘淑丽
印　　刷：河北虎彩印刷有限公司
装　　订：河北虎彩印刷有限公司
出版发行：电子工业出版社
　　　　　北京市海淀区万寿路 173 信箱　邮编 100036
开　　本：787×1092　1/16　印张：11.25　字数：226 千字
版　　次：2020 年 3 月第 1 版
印　　次：2025 年 8 月第 4 次印刷
定　　价：39.00 元

凡所购买电子工业出版社图书有缺损问题，请向购买书店调换。若书店售缺，请与本社发行部联系，联系及邮购电话：（010）88254888，88258888。
质量投诉请发邮件至 zlts@phei.com.cn，盗版侵权举报请发邮件至 dbqq@phei.com.cn。
本书咨询联系方式：（010）88254199，sjb@phei.com.cn。

“十三五”全国高等院校人力资源管理系列规划教材丛书编委会

丛书序言

互联网时代，“创新”已经成为社会发展的关键词，上至国家人才战略，下至组织发展规划，人们对“创新”有太多的解读与理解。VR 和 5G 技术的运用将引发新一轮的科技发展，组织的人力资源管理必将迎来新时代。面对新时代，人力资源管理必将再次升级。正在发生和即将发生的，包括 AI/VR 技术的引入，将给招聘、面试、培训等工作带来全新的体验。各类 App 将取代大多数绩效管理工具；大数据将改变组织人力资源战略决策模式；人们的需求和行为也在不断地改变。新时代背景下，人力资源管理工作面临着前所未有的机遇与挑战。这就需要我们在人力资源管理方面做出新的改变以顺应时代发展。本丛书将和你一起拥抱新时代，为人力资源管理的再升级打开一扇窗、推开一扇门。

一、丛书框架（本丛书共 10 本）

- 《人力资源管理》
- 《劳动经济学》
- 《工作分析》
- 《绩效管理》
- 《薪酬管理》
- 《人才测评》
- 《员工培训与开发》
- 《职业生涯规划》
- 《招聘与录用》
- 《人力资源战略与规划》

二、丛书特色

近年来，管理学界掀起了国学之风，大多数经理人承受着极大的工作压力，时常接触古代圣贤、管理学大师的先进思想，也未尝不是一件好事。但在放下书本重新回到现实的管理生活中后，才发现“书走书的路，人走人的路”，所学的管理思想难以运用到日常的管理活动中去。

学术是实践的后台，丛书的作者一直想把自己在讲授“人力资源管理”课程中产生的许多心得体会、研究人力资源管理及相关领域时所得的思想和新观点，以及在做企业管理咨询和诊断等工作中所获得的成果融入书中，进而编写出一套体现理论的系统性与前沿性、理论与实践平衡、网络与教学互动的丛书来。呈现在读者面前的这套丛书就是在这样的背景下努力完成的结果。

（1）理论的系统性与前沿性。针对高等学校的教学要求，丛书在内容上力求涵盖人力资源管理的相关内容及主要活动，保持理论的系统性；同时，收集国内外人力资源管理的理论与技术的最新进展和作者多年来的研究成果，使丛书与其他同类书相比更能体现人力资源管理与时俱进的特点。

（2）理论与实践平衡。强化人力资源管理与实际工作的紧密结合，体现理论与实践并重的特色。

（3）网络与教学互动。丛书有一个编者与读者的互联网互动平台，将丛书的最新理论成果、策划案例分析、图形、表格、工作文本等相关资料上传（http://www.boshizixun.cn），以形成有效的互动；同时，丛书会及时增加、更新相关资料，读者扫描丛书序言最后的二维码即可查看、领取，以实现丛书资源的共享。

三、丛书的作者（学术界+企业界）

丛书的作者既有来自高校管理学院的教授、博士，又有来自管理咨询公司的资深高级咨询师，更有来自企业的人力资源总监、高层管理者，这为丛书的理论与实践结合、学术与应用并重、操作与理念相互渗透提供了强有力的支撑。

丛书从调研、策划、构思、撰写到出版，前后历时两年半。丛书的出版，既是作者辛勤付出的成果体现，更是“产学研”团队合作的成果。衷心感谢团队成员付出的努力，以及电子工业出版社的编辑为丛书的出版给予的支持和帮助。

在丛书的编写过程中，我们参阅和借鉴了大量的相关书籍和论文，在此谨向相关的作者和专家表示最诚挚的谢意。限于编者的水平和经验，丛书难免存在不足之处，恳请读者予以批评指正。

丛书互动网站：http://www.boshizixun.cn

丛书主编邮箱：gyh118@126.com

扫码可查看、领取丛书共享资源

葛玉辉，管理学博士、教授、博士生导师

2019 年 9 月于上海

丛书主编

葛玉辉，男，华中科技大学首届MBA毕业，管理学博士、工商管理系主任、教授、博士生导师。劳动经济学、旅游管理硕士点带头人，国内著名的管理咨询专家、中国管理学网名师、上海交通大学海外教育学院特聘教授、复旦大学特聘教授、同济大学特聘教授、慧泉（中国）国际教育集团高级教练、精品课程人力资源管理主讲教授、上海解放教育传媒·学网特聘教师，上海博示企业管理咨询公司首席顾问、技术总监。中国人力资源开发与管理委员会委员、上海人才学会理事、上海市系统工程学会会员、上海社会科学联合会会员、湖北省社会科学联合会会员、中国管理研究国际学会理事。

学术科研

出版《现代企业策划与创新》《现代人力资源管理与创新》《人力资本产权及其制度创新研究》《人力资源管理》《成功职场修炼》等30部专著；在《管理工程学报》《科学学与科学管理技术》等杂志上发表论文239余篇，2000—2018年主持了企业策划与人力资源开发及管理研究等科技项目40余项。其中国家级项目4项，省部级6项，横向课题31项；主持的4项科研成果分获国家优秀成果二等奖、湖北省重大科技成果奖、湖北省科技进步三等奖。

管理实践

葛玉辉教授自1997年开始专向为企业提供培训与咨询服务，专注于提升企业战略、人力资源竞争力和营销管理能力。先后受渤海油田、江汉油田、吐哈油田、克拉玛依油田、荆州自来水公司、湖北水泥厂、甘肃丰源建安商贸有限公司、安徽石油销售公司、五凌柳州机械厂、东风汽车公司（上海）、泛亚汽车技术中心有限公司（上海）、东风悦达起亚汽车有限公司、华东石油销售公司、江苏油田、上海临空经济园区、上海海洋大学、上海完美教育集团、浙江诸暨组织部和人事局、杭州诺贝尔集团、安庆石油化工有限公司、温州市人事局、吴江经济技术开发区人事局、安徽皖投公司、铜陵有色金属集团控股有限公司、马鞍山钢铁集团、上海电力公司、浙江电力公司、河北电力公司、四川省农商行、上海影视集团、上海医药集团、上海临空经济园区、中国人民银行上海总部、上海期货交易所、上海银行、上海建行、上海工商银行、黑龙江省农商行、上海市委党校、上海宣传系统人才交流中心、诺霸精密机械（上海）有限公司、浦东干部学院、国家税务总局、苏州税务局、国家科技部、上海电气集团、上海印包集团、上海申通地铁集团公司、中国电力投资集团公司、华能电力集团公司、复旦大学、上海交通大学、中国人民大学等大型国有企业、合资企业、民营企业、高等院校的邀请，做关于企业人才管理创新、人力资源管理、营销生产力、员工执行力、战略规划、文化整合方面的专题讲座、培训和科研工作，为企业创造了一定的经济和社会效益，同时塑造了良好的社会形象。

前言

随着现代人力资源管理工作的不断专业化，对人员的选拔、评价和开发工作的科学性要求越来越高。在全球竞争日益加剧和强调以人为本的今天，人才测评成为现代人力资源开发与管理的基础与关键。在我国，人才测评已取得了很大的进步，越来越多的组织开始在招聘、晋升、职业规划中采用各种专业化的人才测评方法。人才测评正朝着更加完善和科学合理的方向发展。

随着经济全球化的发展和互联网时代的到来，企业所面临的环境复杂性日益加剧，面临的挑战更加严峻。因而，企业人才选拔的方式、方法也需要与时俱进，只有建立起与企业自身发展相适应的人才测评体系，才能高效准确地选拔人才，对人才进行合理配置，实现“人岗匹配”的目标。因此，本课程教材的发展性和实用性也是大势所趋。

本书受国家社科基金项目（项目编号：11BGL014）和上海市一流学科建设项目（项目编号：S1201YLXK）的资助，全书系统、全面地介绍了人才测评的各种方法和实践应用，共4章。其中，第1章是人才测评概述，第2章是人才测评原理，第3章是人才测评方法，第4章是人才测评应用。

本书从全新的视角介绍人才测评，通过理论与案例相结合，利用丰富的图表，形象地将人才测评的本质与实际操作展示出来。具体来说，本书有以下三大特色。

第一，本书从基础理论到工具方法再到操作应用，有步骤、有层次地引入人才测评，既有基础理论的系统阐释、工具方法与实际操作的详细介绍，又有结果应用的具体展示，使读者对人才测评的理解比较透彻。

第二，本书详细介绍了人才测评的各种方法，从过程的视角阐述了人才测评的具体操作，使读者在系统掌握各种人才测评方法的同时，能够进行人才测评的实际操作，全面深入地理解人才测评的理论和实用价值。

第三，本书注重理论联系实际，利用丰富的图表形象地表达人才测评的特点，在每章的开头均有案例导入，便于读者结合理论进行分析和讨论。

本书适合作为经济管理类专业本科生、研究生和MBA的教材，也可供研究人员及各类组织的管理人员自学和培训使用。

本书由葛玉辉、焦忆雷、毛双庆、王传征共同编写完成。

本书的出版得到电子工业出版社的编辑的大力支持。在本书编写过程中，我们借鉴、引用了大量国内外有关资料和研究成果，在此一并致谢。由于作者水平有限，书中难免存在疏漏和不足之处，恳请同行和读者批评指正，以便再版时修改。

编者

2019年10月30日

目 录

第 1 章 人才测评概述

本章思维导图

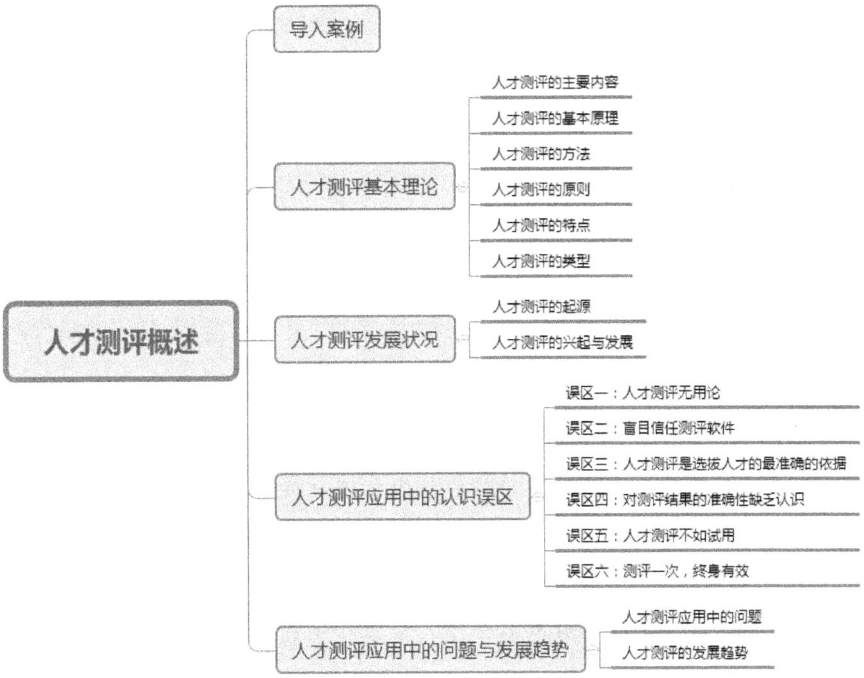

本章关键词

人才测评；基本理论；发展状况、认识误区、发展趋势。

学习目标

- 了解：人才测评的概念，人才测评的发展状况、兴起与发展。
- 熟悉：人才测评应用中的认识误区。
- 掌握：人才测评的发展趋势。

导入案例

某通信公司用人才测评进行精准的培训需求分析

深圳某通信公司，主营业务是网络通信终端设备的研发、生产、销售与服务。该公司在经历了高速发展期之后，开始进入稳定发展阶段，公司的中层管理人员绝大多数是由业务核心骨干提拔上来的。随着公司管理体系的日益完善，这些非管理出身的管理者在管理岗位上越来越觉得吃力。虽然公司也在培训中引入了一些流行的领导力课程，但是实际效果非常有限。因此，公司决定对中层管理人员进行更为精确和更有针对性的培训需求分析。

一、顾问观点

传统的企业培训需求分析，通常运用访谈法、问卷调查法、绩效分析法、阅读技术手册法、访问专家法、经验预测法、头脑风暴法进行，只关注组织、任务、个体三个基本要素，导致企业培训工作在提高员工个体及企业整体优势作用方面表现不理想。

基于胜任特征和人才测评的培训需求分析，通过分析组织核心能力、构建企业岗位胜任特征模型、评估现有任职人员胜任能力三大步骤，测评个体与胜任特征模型中行为要求之间的具体差距。据此发现被试者（培训对象）整体的能力"短板"，从而把对被试者的培训重点放在其具体的行为改进和技能提升方面。

二、实施方案

（一）确立项目目标

确立项目目标是指对该公司中层管理人员实施培训需求分析诊断，为中层管理人员后期的培训重点提供科学参考。

（二）项目准备

1. 成立工作小组

由公司人事部牵头，邀请测评公司专业顾问一起成立分工明确的工作小组。

2. 确定培训和测评对象

公司培训和测评对象确定为中层管理人员，共 28 人。

3. 确定组织需求和个人需求两大维度

在组织需求方面，从组织发展的角度，确定公司中层管理人员需要哪些能力，目前哪些方面的能力需要提升；在个人需求方面，从员工个人职业成长规划的角度，确定需要提升哪些能力。

（三）构建中层管理人员胜任特征模型

工作小组在测评顾问的指导下运用行为事件访谈法、问卷调查法、专家讨论法，使用 SPSS 和 AMOS 数据分析软件，并根据公司中层管理人员的岗位职责、企业文化的特殊要求、企业发展规划和发展战略等，对企业中层管理人员的素质要求等方面，确定胜任特征模型的指标、维度和内涵。据此，构建了通信公司中层管理人员胜任特征模型。

（四）现有任职人员的胜任能力测评

1. 确定标准分数

基于企业战略、企业目标、企业价值文化、优秀员工的素质的交集，整合确定中层管理人员的标准分数，作为人才测评的参照系。

2. 确定测评方法

胜任能力测评方法采取在线情景判断测验，即给被试者呈现他在工作中可能遇到的各种情景，这些情景通常来自关键性事件和工作分析，伴随着每种情景的，是对假设情景的各种可能的处理方法或方式，然后要求被试者做出判断（选择最可能/最不可能的），对照最佳答案对其胜任能力进行评估。

情景判断测验的特点是：①题目场景来源于工作实际，真实反映胜任能力，可以较好地预测绩效；②每个选项都是解决情景问题的一个可能的办法，只是重要性和有效性有差别，不易看出好坏，能够刺激被试者深入思考，做出最符合内心判断的选择；③封闭式题目，预设评分标准，保证测评公平公正，不受主观因素影响；④借助测评公司提供的成熟的测评平台，使用简便、易于操作，结果反馈较快。

3. 测评题目开发

工作小组根据测评要素，收集岗位工作任务与员工关键行为方面的信息，参考测评公司提供的测评题库，进行相应的题目开发，也就是命题工作，同时设计评分表及评分标准。在此过程中，要进行测评题目难度、区分度、信度、效度等的检验或评估。

4. 测评流程设计

根据参与测评的中层管理人员的数量，安排测评时间，设计测评流程，协调相关资源。

5. 前期宣导

为了保证测评工作顺利进行，由组织者对被试者进行宣导，主要告诉他们正确看待本次测评，认真答题，不能故意掩饰或随意作答。

6. 测评过程实施

由测评组织实施人员在测评系统上生成测评任务二维码，让被试者用手机扫描二维码，填写基本信息，开始作答。作答完成后，系统自动回收数据，组织者可以即时查看每个人的测评报告和得分汇总数据。

（五）测评成果及应用：构建“学习地图”，制订培训计划

根据系统自动生成的测评结果，得到每个人的测评报告。

根据系统提供的 Excel 版得分汇总数据，做出组织的整体报告。

通过科学客观的评估工具，使公司领导者认识到，中层管理人员的普遍“短板”是在沟通协调能力和团队领导能力相关指标上，通过制订针对性的培训方案，对中层管理人员进行培训，以提高其管理能力和素质，并为人力资源的培训开发提供测评依据。

通过本次中层管理人员培训需求测评项目分析，能够对后备干部的能力素质进行摸底，择优选拔具有高潜力的中层管理人员，为其制订具体的职业发展规划和培养方案。同时，根据中层管理人员个人测评成绩，可针对其个人短板，制订个性化培训计划。

根据胜任特征模型，构建中层管理人员“学习地图”。以员工能力素质要求为基点，规划培训体系。让公司领导者清楚中层管理人员的整体水平状况；让中层管理人员增强自我认知，发现和寻找自身的不足，扬长避短，制订个人的学习计划。

（资料来源：https://www.beisen.com/customer/#top-list-end）

1.1 人才测评基本理论

1.1.1 人才测评的主要内容

素质主要包括品德、心智、能力、文化、身体素质等方面，其主要内容如图 1-1 所示。

品德素质	品德是选拔人才的重要指标，它包括政治品质、思想品质、创新意识、道德品质等。
心智素质	心智是指个人各项思维能力的总和，包括感知、想象、思维、情感、意志、气质、性格、价值观等多方面心理品质上的修养。
能力素质	能力是顺利完成某项活动所必备的特征，包括知识、智力、技能、才能、业绩等。
文化素质	指文化的深度、广度及工作与生活的经验，包括受教育程度、自我学习程度、社会化程度等。
身体素质	包括体质、体力、精力。

图 1-1　素质的构成要素

人才测评主要考查具有稳定性的个人素质，根据素质的构成要素，其考查内容包括个人的品德因素、能力因素、动力因素和人格因素。

1. 品德因素

品德因素包括政治品质、思想品质和道德品质等，它是个人在社会化过程中形成的稳定的心理特征和倾向，是个人遵守的社会规范。品德水平的高低直接影响了个人在社会情景中的价值选择。

2. 能力因素

能力因素包括知识、智力、技能、才能、业绩、创新意识等，可以将其划分为科学智能和社会智能。其中，科学智能包括人与自然交往中获得的经验或个人通过书本学习到的间接经验；社会智能则来自个人在社会实践中，通过人与人之间的沟通、联系、竞争与合作获得的经验。

3. 动力因素

动力因素包括价值观、动机和兴趣等。

（1）价值观是指一个人对周围客观事物（包括人、事、物）的意义、重要性的总评价和总看法，它是层次最高、影响力最大的因素。

（2）动机是指由特定需要引起的，欲满足各种需要的特殊心理状态和意愿，它是推动一个人行为的内在原因，动机的强烈程度对行为过程的效率和行为的结果有很大的影响。

（3）兴趣是指个体对某种活动或某种职业的喜好，当个人的兴趣与行动方向一致时，可以使行为更加有效。

4. 人格因素

人格因素是个体在行为上的内部表现，是个体在适应环境中的感情、能力、气质、价值观等方面的内部综合表现，它可以离开人的肉体、离开人所处的物质生活条件而独立存在于人类的精神文化维度里。

人的个性差异表现为四种气质类型，包括多血质、胆汁质、黏液质和抑郁质。另外，人格测验可以从四个方面考查人的行为风格：一是一般心理倾向（外倾和内倾）；二是接收信息的方式（感觉和直觉）；三是处理信息的方式（思考和情感）；四是行为方式（判断和知觉）。

1.1.2 人才测评的基本原理

1. 人才测评的理论基础

现代人才测评技术出现于20世纪初，并且作为一门专业化学科随着现代经济发展、科技进步而迅速发展起来，众多相关学科诸如心理学、心理测量与咨询、统计学、管理学，以及计算机技术的发展，都为人才测评得以实施奠定了可行性理论基础。

（1）素质差异性。众所周知，人与人之间存在生理上的差异，性别、外貌差异是显而易见的，但是根本性的心理差异是难以衡量的。心理学领域的专家通过长期的研究，把个体之间的差异总结为相互关联的两个方面：一是个体的倾向差异，包括兴趣、爱好、需要、动机、信念、理想、世界观等方面的差异；二是个性心理特征差异，包括能力、气质与性格三大因素及其组合的差异。正是这种个体差异，才使得人才测评得以存在且意义重大。因为人才测评能够将这种千差万别的个体差异准确反映出来，为人力资源开发提供决策指导。

（2）素质稳定性。素质是一种相对稳定的组织系统，每个个体不尽相同，表现为人在不同环境下、不同时段内对某些不同的刺激做出一致的反应行为。因此，也可以说，素质的稳定性体现为一个人某种经常的和一贯性的行为特点。比如，某人对某事在各个时间段的反应基本一致，就表现为跨情景的一致性。这二者就构成了素质的稳定性。但是，素质的稳定性具有相对性，个体的素质会随着时间推移而发生变化，而这种变化时间往往很长。正是这种稳定性，人们才能掌握个体的素质，人才测评才能够得以实施。

（3）心理测量学。心理测量学的产生和发展对人才测评技术有着至关重要的作用，量化使人才测评得以表现测评各项目的数量特征和质量特征，从而避免主观性的偏差。从1879年德国心理学家冯特设立世界上第一个心理学实验室开始，人们便对个体行为差异进行研究，心理测验运动也随之兴起。心理测验由早期的心理缺陷诊断演变为心理评价，由教育领域逐渐拓展到社会管理的各个角落，给升学、就业、选拔人才、晋升、培训等提供指导性服务，得到西方社会的普遍欢迎与重视。20 世纪五六十年代以后，西方人才测评思想盛行，开发了一系列形式多样、内容丰富的测评技术，包括智力测验、能力测验、性向测验、成就测验等，并且这些技术在广泛应用的基础上日趋完善。目前，人才测评中最常见的心理测验有智力测验、人格测验、成就测验和职业倾向测验。另外，随着统计学与计算机技术的发展，专门化的测评软件使测评的客观性与效率大幅度提高。

2. 人才测评应用的理论基础

作为一门应用型学科，人才测评已发展出一套专门的理论与方法，以此指导人才测评实践的操作。

（1）“人职匹配”理论。人职匹配理论是关于人的个性特征与职业性质是否一致的理论，也可以说是人才测评与工作分析相结合的理论。其基本思想是，个体差异是普遍存在的，每个个体都有自己的个性特征，而每种职业由于其工作性质、环境、条件、方式的不同，对工作者的能力、知识技能、性格、气质、心理素质等有不同的要求。因此，在进行职业决策（选拔、安置、职业指导）时，就要根据一个人的个性特征来选择与之相对应的职业种类，即进行人职匹配。人职匹配包含两层意思：一是指某个人的能力完全能胜任该岗位的要求，即人得其职；二是指某个人完全具备岗位所要求的能力，即职得其人。人职匹配理论指人的能力与岗位要求的能力完全匹配，这种匹配包含着“恰好”的概念，二者的对应使人的能力发挥得最好，岗位的工作任务也完成得最好。人职匹配理论的核心因素是：最优的不一定是最匹配的，最匹配的才是最优的选择。即职得其才，才得其职，人职匹配，效果最优。所以，对于组织和个体来说，进行人职匹配具有非常重要的意义。进行人职匹配的前提之一是必须对人的个体特性有充分的了解和掌握，而人才测评是了解个体特征最有效的方法。可见，人职匹配理论是现代人才测评的理论基础，其中最有影响力的是“特性—因素论”和“人格类型理论”。

特性—因素论认为个别差异现象普遍存在于个人心理与行为中，每个人都具有自己独特的能力模式和人格特质，而某种能力模式及人格特质又与某些特定职业有关。每种人格特质的个人都有其相适应的职业，人人都有选择职业的机会，人的特性又是可以客观测量的。特性—因素论强调个人所具有的特性与职业所需要的素质与技能（因素）之间的协调和匹配。为了对个体的特性进行深入详细地了解与掌握，特性—因素论十分重视人才测评的作用。可以说，特性—因素论进行职业指导是以对人的特性的测评为基本前提的，它首先提出了在职业决策中进行人职匹配的思想。

美国职业心理学家霍兰德创立的人格类型理论对人才测评的发展产生了重要的影响。在人格和职业的关系方面，霍兰德提出了一系列假设：①在现实的文化中，可以将人的人格分为六种类型：实际型、研究型、艺术型、社会型、企业型及传统型。每一特定类型人格的人，会对相应职业类型中的工作或学习感兴趣；②环境也可区分为上述六种类型；③人们寻求能充分施展其能力的职业环境；④个人的行为取决于个体的人格和所处的环境特征之间的相互作用。在上述理论假设的基础上，霍兰德提出了人格类型与职业类型模式。不同类型人格的人需要不同的生活或工作环境，例如，“实际型”的人需要实际型的环境或职业，因为这种环境或职业才能给予其所需要的机会与奖励，这种情况称为“和谐”。

据此，人力资源管理者便可根据人才测评结果，并结合职位要求，进行人事配置，使事适其人、人事相配，以求最大限度地开发人力资源。

（2）“冰山模型”理论。在人才测评过程中，人们一般比较重视考查知识、技能，以求与职位要求有效匹配。其实不然，成功的关键还要取决于被试者深层次的因素——价值观、态度、角色定位、品质和社会动机等，即“冰山模型”水平面下的关键要素。1973 年，美国心理学家戴维·麦克利兰提出了著名的冰山模型理论，他把人的胜任特征模型形象地描绘成一座在水中漂浮的冰山（见图 1-2），“水上部分”代表表层的特征，如知识、技能，容易被感知；“水下部分”是潜在的特征，如价值观、品质和社会动机等，是决定人们行为和表现的比较稳定的关键因素。越向下，被挖掘与感知的难度越大。并且，一个人的表层特征只是整体特征的极少部分。因此，我们在进行人才测评时，应该从胜任特征入手，重点考查被试者的价值观、品质和社会动机等。只有这样，才能把真正高素质的人挑选出来。

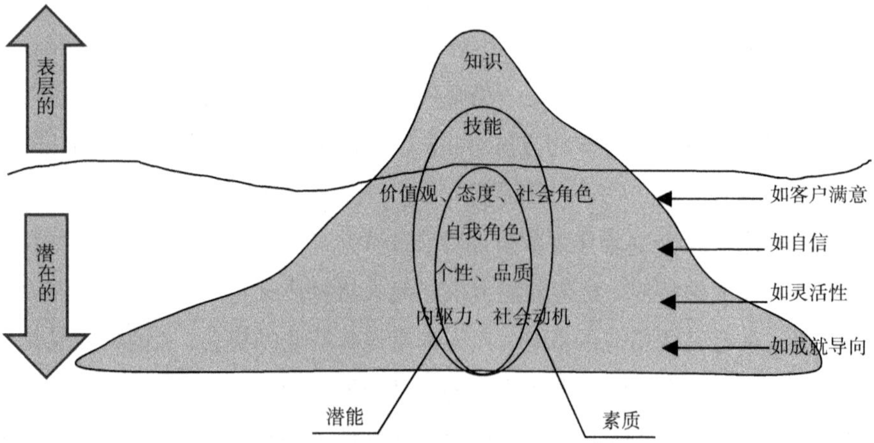

图 1-2 戴维·麦克利兰的“冰山模型”

1.1.3　人才测评的方法

俗话说："路遥知马力，日久见人心。"但是"马力"易知，"人心"难测。所以，要想实施人才测评，就必须先掌握测评方法，正所谓"工欲善其事，必先利其器"。人的心理是复杂多变的，还会受到各种外界因素的影响，加上人们有意地掩饰，要想将人才特质准确、客观地测量出来绝非易事，甚至本人对自身都难以做出客观的评估。所以，必须采用科学有效的方法才能做到"测人心"。常用的人才测评方法主要有以下三类。

1. 心理测验

心理测验是人员素质测评与选拔的最常见的形式之一，实质上是对行为样组的客观的和标准化的测量。心理测验产生于对个别差异鉴别的需要，广泛应用于教育、企事业人员的挑选与评价，具有迅速、科学、公平和可比较的特点。从测验的具体对象出发，可以将心理测验分为成就测验、智力测验、性向测验、态度测验、性格测验和品性测验六种形式。依据测验的内容，可以分为知识测验、能力测验、品德测验三种形式。其中比较有影响力的心理测验，除了早期的比奈–西蒙智力测验、斯坦福–比奈儿童智力测验，还有罗夏墨迹测验、亨利・默里与摩根的主题统觉测验（Thematic Apperception Test，TAT）、明尼苏达多相个性测验（Minnesota Multiphasic Personality Inventory，MMPI）、艾森克人格问卷（Eysenck Personality Questionaire，EPQ）、卡特尔 16 种人格因素测验（Catell 16 Personality Factor Test，16PF）、皮亚杰故事测验、科尔伯格两难故事测验、雷斯特确定问题测验等。这些测验所采用的技术，都要尽可能排除主观因素的影响，如机器评分，采用简答、填空、选择等客观性试题，但是由于心理的复杂性，心理测验也不能完全客观化。

纸笔测评是最原始也是最常见的心理测验形式，心理测验中的人格测验、能力测验、兴趣测验，一般都采用纸笔测评的方式，要求被试者填写答题卡，或在卷面上直接完成题目。由于纸笔测评在人才测评中的重要作用，大部分测验都要求被试者直接在卷面上写出答案，考查人才的智力、知识、能力及发展倾向。从 1988 年开始，我国中央国家行政机关公务员考试行政能力测试科目就一直采用笔试形式。纸笔测评的优点在于科学化、规范化的水平较高，适合大规模的人才测评，测试结果也比较令人信服。但是，笔试内容只局限于文字作答，在检测被试者解决复杂的实际问题的能力方面却鞭长莫及。

2. 评价中心

评价中心是综合多种人才测评方法，以定性与定量相结合的方式对被试者进行测评的一套人才测评程序。其特点是综合性、动态性、标准化、整体互动性、全面性、以预测为主要目的、形象逼真，以及具有很强的行为性。由于其具有较高的预测效度，目前评价中心在应用方面呈现增长的趋势。美国匹茨堡大学职业研究院的威廉·C·帕海姆教授在调查了评价中心的研究项目后指出，经过评价中心测试选拔的管理人员比仅凭主观判断而提拔的管理人员，其成功率要提高 2~3 倍。20 世纪 50 年代，美国电话电报公司最早成功使用评价中心，获得了公司中、高级经理及候选人的特点和成长状况方面的资料。1975 年，在加拿大魁北克召开的第三届评价中心国际大会上通过了《关于评价中心的实施标准和道德准则》，随后各国相继展开了评价中心本土化的研究。20 世纪 90 年代以后，伴随中国经济的腾飞和改革开放的深入，评价中心逐步应用于企业人力资源管理工作，在公务员的招聘录用中，评价中心也发挥着越来越重要的作用。评价中心的形式包括公文筐测验、无领导小组讨论、管理游戏、角色扮演、演讲、案例分析、事实判断、面谈等，我国评价中心各种形式使用频率，如表 1-1 所示。

表 1-1 我国评价中心各种形式使用频率

复杂程度	评价中心的形式	实际运用频率
复杂↓简单	管理游戏	15%
	公文筐测验	89%
	角色扮演	64%
	无领导小组讨论	75%
	演讲	21%
	案例分析	83%
	事实判断	43%
	面谈	93%

资料来源：彭志忠，王水莲. 人才测评学[M]. 济南：山东大学出版社，2006.

3. 计算机测评

随着计算机应用的普及和网络技术的飞速发展，人才测评的方式也焕然一新，与现代信息技术、网络技术紧密地结合到了一起。人们开发出了单机版、网络版的心理测验，这些测验不但包括诸如 16PF 的心理测验，还包括像“销售经理选拔测验系统”等针对特定岗位的测评系统。近年来，有些测评机构将互联网不受时空限制的特点发挥得淋漓尽致，将心理测验放到互联网上，用户可以随时开展测验工作，进一步拓宽了测评的渠道。人才测评需要在初步得出的基本参数上进行精细分析，才能得出一个人的个性特征的总体轮廓与具体评价，但电脑在人才测评中只能充当“评分者”的角色，完成统计基本参数的机械操作，纸笔测评比较适合“搬”到计算机上进行测评，而情景模拟测试很难实现计算机测评。

1.1.4　人才测评的原则

人才测评过程，必须遵循一些重要而基本的原则，这些原则既是人才测评实践经验及其技能技巧的科学总结，又是人才测评实践的思想方法。

1．定量测评与定性测评相结合

人才测评过程中主要存在两种研究方法：一是运用数学工具从行为的数量特点上对人才进行量化的测评，研究的目的在于确定因果关系，并做出解释；二是采取经验判断与观察的方法从行为的性质上对人才进行测评，注重的是整体和定性的信息。定量测评是定性测评的基础，定性测评是定量测评的出发点与结果。仅仅运用定量测评，人才测评的结果只能是一堆没有意义的数字和数量关系，成为一种不完整、形式化的测评；而仅仅使用定性测评，人才测评又会流于表面，成为一种简单、模糊的印象判断。所以，要把定量测评与定性测评结合起来，其实质就是将人力资源管理的经验与科学测量的方法相结合。

2．客观测评与主观测评相结合

客观测评是指在人才测评过程中尽量采用客观的工具进行测量、评定，减少主观因素的干扰；主观测评是指凭借专业知识和经验，通过对人的观察，做出主观的评定。在人才测评过程中，客观测评以客观的行为和事件为依据，尽量减少或排除测评人员和被试者的主观随意性，并保证不同的测评人员在对相同的被试者进行测评时，能做出大致相同的结论。但是，人的行为是复杂多样的，不是所有的素质都能靠客观测评得以把握。因此，在人才测评过程中追求客观化的同时，也应该充分发挥人的主观性，从人的主观方面对人才素质进行考量，即客观测评和主观测评相结合。

3．静态测评与动态测评相结合

在人才测评过程中，还要遵循静态测评与动态测评相结合的原则。静态测评是建立在人才素质稳定性的基础之上，在特定时空条件下以相对统一的测评方式对人才进行测评，人才要素的动态变化性忽略不计。静态测评便于对被试者实施横向比较，可用于选拔和储备人员，缺点是容易孤立看待被试者，难以预计今后的发展趋势。动态测评是从发展的角度看待人的素质，有利于了解被试者的实际水平与发展潜力，可用于激励和开发人力资源，但不利于横向比较。所以，如果想深入准确地把握被试者的素质就要静态测评与动态测评相结合，有的标准是以往大量实验研究得出的常模，具有标杆意义，可以推广到各种人群，有的标准则要随着时代的进步不断更新。静态测评方法包括心理测验与知识考核；动态测评方法有评价中心、面试与观察评定等。静态测评简便易行，但易受人为因素干扰；动态测评有效性高，但人力、物力、财力和时间成本非常高，并且需要一定的技术条件和理论基础作为支撑。

1.1.5 人才测评的特点

人才测评是一项复杂的社会认知活动，具体的测评对象不是抽象的人，而是作为个体而存在的人的内在素质及其表现出的绩效，要受现实生活的种种制约，这就决定了人才测评不同于其他形式的测评活动。其特点主要表现在以下几个方面。

1. 相对性

人才测评主要是对个体心理现象的测量和评价，包括智力、能力、性格、气质等方面。而心理现象具有内在性、隐蔽性和无形性等特点，再加上任何测评工具都难免有一定的局限性，对被试者的鉴别评价就未必完全符合被试者的实际情况，测评结果既反映被试者的基本状态，又与被试者的真实情况有一定程度的偏离。所以，人才测评的结果只有相对意义，在测评实践中应注重测评的精确性和科学性，不应片面追求精确性。

2. 统计抽样性

从理论上讲，在实施人才测评时，涉猎的范围越广，收集的信息越充分、全面，测评结果就越有效、越具体客观。但在实际操作中，这种理想状态是不可能达到的。在有限的时间内不可能掌握被试者的全部信息，只能依据“部分能够反映总体”的原理，对测评要素进行抽样，保证样本有足够的代表性。因此，在测量个体的特性前，必须慎重地选择具有代表性的行为样组，凭此推论个体的特性。

3. 互动性

人才测评不是简单的单向刺激反应过程，而是一种反复多次的双向互动与沟通的过程，是一种集理智、情感、行为于一体的互动过程。被试者既可以积极配合测评，也可以干扰、拒绝测评。所以，如果忽视互动性，没有调动被试者的积极性与配合性，即使测评内容与程序设计得十分科学，也不一定能收到预期效果。因此，在人才测评中，尤其是面试环节，不能把被试者当作物品来测，而应力求让被试者由客体状态向主体状态转化，发挥其积极的作用。

4．整体性

个人素质、能力及其绩效的好坏，从根本上说，都是与他人比较而得出的。对单个人进行“孤立性”的测评，往往难下结论，而把被试者放到整体被试者群中加以比较，其优劣高低就立见分晓了。因此，人才测评的内容和标准，要因被试者群的不同情况而有所侧重。

1.1.6　人才测评的类型

人才测评的类型，按不同的标准有不同的划分。

按测评标准划分，有无目标测评、常模参照性测评及效标参照性测评。述职、小结与访谈等写实性测评，属于无目标测评；人才录用与招聘、晋升一般属于常模参照性测评；飞行员的选拔与录用，主要属于效标参照性测评。

按测评范围划分，可分为单项测评和综合测评。组织诊断与人员培训过程中的测评，一般是单项测评；而人才选拔与绩效考评中的测评，大多属于综合测评。

按照测评技术与手段划分，有定性测评、定量测评，以及包括模糊综合测评在内的中性测评；按测评主体划分，有自我测评、他人测评、个人测评、群体测评、上级测评、同级测评及下级测评；按测评时间划分，有日常测评、期中测评与期末测评、定期测评与不定期测评；按测评结果划分，有分数测评、评语测评、等级测评及符号测评；按测评目的与用途划分，有选拔性测评、配置性测评、开发性测评、诊断性素质测评及考核性素质测评。

此外，还可以按测评活动分为动态测评和静态测评；按测评客体分为领导干部测评、中层管理人员测评、一般人才测评，等等。下面主要介绍我国目前常用的按照测评目的与用途进行划分的测评。

1．选拔性测评

选拔性测评的目的是选拔优秀人才，在人力资源管理活动中经常使用。待遇优厚、工作舒适的职位，往往会吸引众多的求职者，尽管前期可以采取一定的形式直接剔除许多不合格的求职者，但最后仍然会存在许多可供选择的求职者，此时就需要实施选拔性测评，从中选出与职位要求最为接近的被试者。

选拔性测评的主要特点有：第一，强调测评的区分功能。即要把不同素质、不同水平的人区别开来，把最优秀的求职者与一般性的求职者区分开来，便于雇主录用；第二，测评标准的刚性最强。测评标准应该严格、精确、“一刀切”，一旦实施就不能更改，否则所选拔出的“优秀者”就难以取信于民；第三，测评过程特别强调客观性。明显标志就是对测评方法的信度的追求，表现为对数量化与计算机化的追求；第四，测评指标具有选择性。选拔性测评的指标允许具有一定的选择性，以客观、便于操作与相关性为前提，甚至可以是一些表面看上去与测评标准“风马牛不相及”的测评指标；第五，结果体现为分数或等级。

选拔性测评操作与运用的基本原则是公平性、公正性、差异性、准确性及可比性。公平性原则要求整个人才测评过程对于每个被试者来说，有利性相对平等，不是对某些人特别有利而对其他人不利，这是保证选拔性测评结果被公众接受的前提之一。公正性原则要求整个人才测评过程对于每个被试者来说，要求都是一致的，不是对某些人特别严格而对其他人随便。要求测评人员按统一的标准进行客观的测评，这是保证人们认为选拔性测评的结果有效的前提。差异性原则要求人才测评既以差异为依据，又能够反映被试者素质的真实差异，这是保证选拔性测评的结果正确性的前提。准确性原则要求素质测评对被试者素质差异的评估尽可能精确，限于误差允许范围内，这是保证人们对选拔性测评的结果信任的前提。可比性原则要求人才测评对被试者素质测评的结果具有纵向的可比性。一般要求采取量化的形式，不但可比，而且可以与其他测评结果相加。这是保证选拔性测评的结果最后在选拔人员过程中发挥实际作用的前提。

2．配置性测评

配置性测评以人事合理配置为目的，是人力资源管理中比较常见的测评类型。实践表明，每个工作职位对其任职者都有一定的基本要求，当任职者现有的素质符合职位要求时，个体的人力资源就能主动发挥，创造出高绩效。否则，个体的人力资源就处于被动状态，甚至费尽九牛二虎之力也无济于事，低能低效。

配置性测评具有针对性、客观性、严格性、准备性等特点，主要表现为：第一，测评目的的针对性。配置性测评的目的是根据所配置的（工作）职位要求，寻找合适的申请者。如针对甲、乙两职位的测评过程必定有所区别，针对甲职位的配置性测评结果也不能运用到乙职位的人事配置上去。第二，测评标准的客观性。配置性测评的标准，必须以职位的客观要求为标准，不能主观随意制定。第三，测评的严格性。严格性既体现在测评的标准上，又体现在测评活动的组织与实施中。例如，飞行员的驾驶工作，绝不能因为找不到合格的人员而降低要求，但这并不意味着标准越高越好，让一个大学毕业生从事门卫工作的业绩，远远不如高中毕业生。第四，测评的准备性。这主要体现在人力资源管理过程的开端性上。依据配置性测评结果所做的人事配置，只是保证工作效率的必要条件之一，是一种可能性，是一种准备。随着工作要求与人员素质的变化，配置后要进行适当的调配，不要“一配定终身”。

3. 开发性测评

开发性测评，也称勘探性素质测评，是一种以开发素质潜能与组织人力资源为目的的测评，主要为人力资源开发提供科学性与可行性的依据。人的素质具有可塑性与潜在性，有些人当前也许不具备某方面的素质，但他可能具有发展这方面素质的潜力。如何发现这些人的潜力呢？显然有必要实施开发性测评。在每个企事业组织中，存在着不同类型的人力资源，要明确人力资源的基本形态，就必须实施开发性测评。有的人专注于技术运用，有的人热心于技术革新，有的人擅长技术传播，这些人实际具备了不同的人力资源形态，应该对他们分别采取不同的开发策略，以最大限度地发挥他们的作用。对于“运用型”的人，应把他们培养为“生产冠军”；对于“革新型”的人，应让他们有机会接触更多的技术资料，并对他们的失败抱以宽容的态度，鼓励他们的创新精神；对于“传播型”的人，应让他们横向发展，允许职位轮换流动。

开发性测评的特点主要有：第一，开发性测评带有调查性，主要了解被试者总体素质结构中，哪些是优势素质，哪些是短缺素质，哪些是显性素质，哪些是潜在素质，哪些素质具有开发价值等；第二，开发性测评一般是与素质潜能开发或组织人力资源开发相配合而进行的，是为人才开发服务的；第三，开发性测评的主要目的在于通过测评激励与促进各种素质的和谐发展，以及进一步提高，而不在于评定有无哪种素质或某种素质好与不好。

4. 诊断性素质测评

诊断性素质测评以了解素质现状或组织诊断问题为目的。在企业的组织管理中，为什么相同的职位、政策与环境，不同任职者的绩效水平却有很大的差异？如果需要从人员素质测评方面查找原因，最好实施诊断性素质测评。

诊断性素质测评与其他测评类型相比，主要特点有：第一，测评内容要么十分精细，要么全面广泛。诊断性素质测评的目的是查找问题的原因，因此测评时就像医生诊断病情一样，任何细节也不放过，测评内容十分精细与深入。如果是了解现状，则其测评的内容就十分广泛。第二，诊断性素质测评的过程是“寻根究底”的。一般是由现象观察出发，层层深入分析，直到找到答案。第三，测评结果不公开。其他类型的素质测评，结果一般都向有关人员公开，而诊断性素质测评的结果只供内部参考。第四，测评具有较强的系统性。诊断性素质测评要求从表面特征与标志观察入手，继而深入分析问题与原因，诊断“症状”，由此提出改进的方案，其他类型的素质测评无此要求。

5. 考核性素质测评

考核性素质测评又称鉴定性测评，是以鉴定与验证某种素质是否具备或者具备程度大小为目的的素质测评。考核性素质测评经常穿插在选拔性测评与配置性测评中。

考核性素质测评的特点有：第一，测评结果主要为被试者素质结构与水平提供依据或证明，是对被试者素质结构与水平的鉴定，而其他类型的测评结果并非如此；第二，侧重于被试者现有素质的价值与功用，比较注重素质的现有差异而不是素质发展的原有基础或者发展过程的差异；第三，具有概括性的特点。测评的范围比较广泛，涉及素质表现的各个方面，是一种总结性的测评，而其他类型的测评更明显的特点是具体性；第四，要求测评结果具有较高的信度与效度。

1.2 人才测评发展状况

人才测评自古已有，早在我国古代就已经蕴含了大量的人才测评思想。西方的学者则将人才测评发展为科学的理论与方法。人才测评的概念源于对人的心理特征和能力的测量，随着测评工作更加专业化，人才测评方法和人才测评工具也更加丰富，使得对人才的测评更加客观准确。目前，人才测评已经在各行各业得到广泛应用。

1.2.1 人才测评的起源

人才测评体系的起源可以追溯到19世纪初心理测量的诞生，它以1905年法国心理学家比奈与西蒙合作发表的智力测验量表——比奈-西蒙智力量表为标志，至今已有百年的历史。

1. 比率智商

智力（Intelligence）是指生物（或人）一般性的精神能力，指生物认识、理解客观事物并运用知识、经验等解决问题的能力，包括记忆、观察、想象、思考和判断等。

比奈认为，智力包括三个方面的能力：一是选择并维持某一明确方向的能力；二是做出必要的调节，即策略调节以达到某种目标的能力；三是自我监控，即保证能做出必要策略调节的能力。

比奈和西蒙提出了“比率智商”（Intelligence Quotient，IQ），它是用来反映智力高低的商数，是心理年龄（Mental Age，MA）与实足年龄（Chronological Age，CA）的比值乘以100。其计算公式为：

$$IQ = MA / CA \times 100$$

该公式的含义是：如果心理年龄与实足年龄相等，其智商为 100；如果心理年龄高于实足年龄，其智商较高（大于 100）；如果心理年龄低于实足年龄，其智高低于均值（低于 100）。

2. 比奈–西蒙智力量表的发展

（1）1905 年，比奈和助手西蒙编制了第一个心理取向的智力测验——比奈–西蒙智力量表，它有 30 个由易到难排列的项目，其中既有对较低级的知觉方面的测量，也有对较高级的判断、推理和理解等方面的测量。

（2）1908 年，比奈–西蒙智力量表进行了首次修订，修订后的量表运用了近代测验理论的基本思想，即测验的原理在于将个人的行为与他人比较并归类，首次采用智力年龄作为衡量儿童智力发展水平的指标。修订后的比奈–西蒙智力量表测验项目总数达到 54 个，并把测验题目按年龄分组，从 3 岁到 15 岁，只要每个年龄组的儿童中有半数人能通过的题目即属于这个年龄组的题目。

（3）1911 年，修订版的比奈–西蒙智力量表发布。这次修订没有重大变化，只是改变了几种年龄水平分组，并扩展到成人组。

（4）1916 年，斯坦福–比奈智力量表产生。随着比奈–西蒙智力量表被翻译成多种语言，各国心理学家对其进行了修订。其中以美国斯坦福大学刘易斯·麦迪逊·推孟主持修订的斯坦福–比奈智力量表最为著名。它的第一个修订本在 1916 年问世，这个修订本把比奈–西蒙智力量表从 54 项增加至 90 项，并对许多项目进行了修改，重新调整了年龄水平。该量表根据美国近 1 000 个儿童和 400 个成人组成的样组的结果重新加以标准化，不但对每个测试题的实施程序及评分方法做出了详细的说明和规定，更重要的是第一次将智商的概念运用到智力测验中，使智力分数能在不同年龄间比较，从而进一步发展和完善了比奈以智龄评定智力的方法。

（5）斯坦福–比奈智力量表的第二个修订本发表于 1937 年，其中有两套等值的测验，即 L 型和 M 型。它们各包含 129 个项目，内容涉及各种智力活动，尤为突出的是类比、对比、理解、词汇、异同、图画或语言填充、提出谬误、描画图样，以及记忆有意义的材料和数字等。

（6）斯坦福–比奈智力量表的第三个修订本发表于 1960 年。它是从 1937 年的 L 型和 M 型两套测验中选取最佳测试题而组成的，称为 L-M 型。这项工作以 1950 年至 1954 年 4 498 名 2.5~18 岁的被试者测验 L 型或 M 型中的测试题所得到的资料为依据。

3. 中国比奈量表

中国心理学家陆志伟曾两次主持修订比奈–西蒙智力量表。1924 年公布的《订正比奈–西蒙智力测验说明书》仅适用于江浙一带儿童，所以陆志伟与吴天敏于 1936 年进行了第二次修订，使之也可适用于北方儿童。陆志伟的修订本的测验内容以刘易斯·麦迪逊·推孟的 1916 年的修订本为蓝本，共包括 54 个项目，其中某些项目按照不同要求应用于几个年龄组，故可按 75 项使用。项目性质大约可分为语言文字、数目、解图和技巧 4 类。3~11 岁的每个年龄组有 6 个项目，每项代表 2 个月；12 岁和 13 岁两个年龄组各为 3 个项目，每项代表 4 个月；14 和 15 岁合为 1 组共 6 个项目，每项代表 4 个月；16、17、18 岁合为 1 组共 9 个项目，每项代表 4 个月。其计分方法有两种，可按积分计算，也可按智龄分数计算，然后按智商公式算出智商分数。陆志伟自称，该测验用于 6~14 岁儿童较为可靠，6 岁以下或 14 岁以上儿童虽然能采用，但不及上述年龄范围准确。

中国的比奈–西蒙智力量表第三次修订本由吴天敏主持，称为《中国比奈测验》。它可用于 2~18 岁的被试者（每岁 3 题，共 51 题），最佳适用年龄是小学至初中阶段。评定成绩的方法采取离差智商。另有一个由 8 个试题组成的《中国比奈测验简编》，用起来较为方便、省时，试题包括对比、判断、数数、说反义词及情景问题等。例如，试题 1 是让被试者看 3 个大小不等的圆形，说出哪个大、哪个小。试题 2 为说出物名：爸爸写字用什么？妈妈切菜用什么？缝衣用什么？试题 7 为数手指：你这只手有几个手指？那只手有几个手指？两只手共有多少个手指？试题 10 为看图说话：有 3 幅画，第 1 幅为 1 位小朋友在柜台前买东西的情景；第 2 幅为 1 位小朋友和爸爸妈妈一起逛公园的情景；第 3 幅为 1 位小朋友在车站给妈妈送雨伞的情景。让被试者看这些图画，并说出画的是什么。试题 14 为说反义词：快（慢）、甜（苦）、热（冷）、少（多）。一般来说，每道试题中的问题全部答对才算通过，如果连续 5 道题没有通过即可终止测定。

4. 离差智商

离差智商的原理是用各个年龄段内人的智商的平均数作为参照，以被试者在同龄组中的分数为基础，看其分数与平均数的距离有多少标准差，从而确定其智商的高低。美国心理测量学家韦克斯勒在 1939 年编制了韦克斯勒成人智力量表，并提出离差智商的概念。

例如，两个年龄不同的成年人，一个人的智力测验得分高于同龄组分数的平均值，另一个人的智力测验得分低于同龄组分数的平均值，那么，就得出前者的 IQ 比后者高的结论。

1.2.2　人才测评的兴起与发展

人才测评的发展经历了从心理测验、能力测验、性格测验、职业心理测验发展到价值观测评和态度测评的转变。

1．心理测验

心理测验起源于实验心理学中个别差异研究的需要。1879 年，德国心理学家威廉·冯特在德国莱比锡大学设立了第一所心理学实验室，他在实验中发现，个体的行为相互间存在个别差异，个别差异的确定引起了心理测验的需要。心理测验的发展大约可以分为萌芽时期、成熟时期、昌盛时期及完善发展时期。

1869—1904 年，心理测验处于萌芽时期。这一时期，心理测验尚未形成自己的体系，依附于实验心理学中个别差异的研究而存在，测验的内容大都限于感觉、动作或简单反应时间的测量，属于简单身体素质测评。

1883 年，英国优生学家弗朗西斯·高尔顿在《人类才能及其发展的研究》一书中首先提出了“测验”这个术语，1884 年他创设了“人类学测量实验室”，6 年间测量了 9 337 个人的身高、体重、视力、听力、色觉等素质特征。1890 年，美国心理学家雷蒙德·卡特尔发表了题为“心理测验与测量”的论文，介绍了他编制的第一套心理测验，这套测验共 10 个题目，主要测量个体的感觉能力与动作过程。1894 年，雷蒙德·卡特尔首先用这种测验方法测量哥伦比亚大学的学生，使测验走出实验室，直接应用于实际。

1905—1915 年，心理测验发展到成熟时期。19 世纪后期，威廉·冯特、弗朗西斯·高尔顿、雷蒙德·卡特尔都对感觉能力的测量进行了研究。然而对心理测验的发展有最重要影响的应数法国的比奈，他与西蒙于 1905 年合作编制的比奈-西蒙智力量表，是世界上第一个标准化的心理测验。

1916—1940 年，心理测验处于昌盛时期。这一时期，不仅智力测验在广度与深度上有了突破性的发展，而且一般能力测验、特殊能力测验、人格测验相继出现，心理测验在理论上得到完善，在应用上得到了空前的发展。测验的表现形式，由文字扩展到图形、操作等非文字，由直接的测量扩展到投射与预测的测验，测验的功用由研究走向社会服务。

1937 年，雷蒙德·卡特尔编制了“16PF”。1938 年，瑟斯顿提出了“主要的心理能力论”，概括出 7 种主要的智力：知觉速度、推理能力、言语理解能力、语词的流畅性、空间知觉、记忆及计算能力。同年，亨利·默里与摩根编制了投射测验之一的主题统觉测验。

1941 年至今，心理测验处于完善发展时期。在这一时期，心理测验一方面接受“教育评价运动”的“挑战”；另一方面在测验的理论、技术与编制方法上，都有非常大的进步。20世纪40年代初，哈瑟韦和麦金力编制了调查个人适应性和社会适应性的MMPI；1953年，艾森克夫妇编制了EPQ。这一时期，还兴起了职业性向与职业技能测验的新高潮，用于挑选各行业的职员与管理人员。

从心理测验的起源与发展可知，心理测验产生于对个别差异鉴别的需要，它广泛应用于教育、企事业人员的挑选与评价。在这一过程中，人们编制了许多心理测验。其中，比较有影响力的心理测验包括比奈-西蒙智力测验（1905—1911年）、斯坦福-比奈儿童智力测验（1916年）、罗夏墨迹测验、亨利·默里与摩根的主题统觉测验、16PF、皮亚杰故事测验、科尔伯格两难故事测验、雷斯特确定问题测验等。在所有心理测验的定义中，阿纳斯塔西所下的定义比较确切：心理测验实质上是行为样组客观的和标准化的测量。这个定义告诉我们以下几点。

（1）心理测验是对行为的测量。这些行为主要是心理的而不是反射性的生理行为，是外显行为而不是内部心理活动，是一组行为而不是单个行为。

（2）心理测验是对一组行为样本的测量，即所测量的行为组是有代表性的一组行为。任何个体在不同时间、空间与条件下的行为表现是不尽相同的，如果我们所测评的行为抽样不同，得到的结果就会不同。

（3）心理测验和行为样组不一定是真实行为，而往往是概括化了的模拟行为。例如，罗夏墨迹测验，答题行为均不是真实的行为，而是一种间接的行为反应。

（4）心理测验是一种标准化的测验。所谓标准化，在这里是指测验的编制、实施、计分及测验分数解释程序的一致性，这是测验的内在要求。如果想使测验的最后结果具有可比性，测验的条件就必须具有等同性或统一性。

（5）心理测验是一种力求客观化的测量。

从上述所有测验中可以看出，这些测验所采用的技术，如采用问答、填空、选择等客观性试题，都是尽可能排除人为的主观影响。需要注意的是，这些测验并不是完全客观化的。

2. 能力测验

能力测验是用来测定被试者成功完成某些活动所必须具备的个性心理特征。按能力种类划分，能力测验可以分为一般能力测验和特殊能力测验。

一般能力是指大多数活动所共同需要的能力，是人们所共有的基本能力、普通能力，如观察力、注意力、思维力、想象力等，就是通常所说的智力。特殊能力是指为完成某项专门活动所必需的能力，其只在特殊活动领域内发挥作用，如机械运动能力、数学能力、音乐能力、写作能力等，都是完成相关活动必不可少的能力。

（1）智力测验。

智力测验是通过测验方法来衡量人的智力水平高低的一种科学方法，由于人们常把智力看作各种基本能力的综合，所以智力测验又可称为普通能力测验。

韦克斯勒成人智力量表是常用的一种智力测验，可以用来测量 16~74 岁人的智力水平。此量表包括言语量表和操作量表，分别包括 6 个和 5 个分测验（见表 1-2），这些分测验从各个层面来测量智力。在施测时，按言语和操作两个方面交替进行。韦克斯勒成人智力量表每次只能测验 1 名被试者，每测 1 名被试者需要用 1.5~2 小时，由于是单独施测，所以人力、财力成本较高，在选拔中并不常用。但是它在管理能力上有较好的效度，所以在选拔高层管理人员时比较有效。在使用此量表时，需要由训练有素、有丰富经验的管理学家担任测评人员，以保证评分和分数解释的准确性。

表 1-2　韦克斯勒成人智力量表的测验项目和内容

测验项目	内　容
言语量表	
常识（一系列有关人们日常生活的开放式问题）	知识广度
理解（一系列有关人们对社会规则了解情况的开放式问题）	实际知识与理解力
心算（所有问题是难题形式，以解决的正确性及所需时间计分）	算术推理能力
类同（阅读配对名词，找出其共有的特质）	抽象能力与鉴别能力
背诵数字（测评人员读出数位数字，由被试者依记忆重复）	注意力与记忆力
词汇（被试者对所给难度逐渐增加的字加以定义）	语言知识与表达能力
操作量表	
译码（一连串符号均各有一个数字为其代码，在限定的时间内，看着符号写出其正确的数字代码）	学习与书写的速度
填图（指出每张图片中遗失缺漏的部分）	视觉记忆力
积木图案（将积木尽快依图示拼凑成与图式相同的形象）	视觉的模式分析能力
图片排列（尽快将图片部分拼成一副完整的图画）	对社会情景的理解力
图像组合（在限定的时间内将图像部分拼凑完整）	处理部分与整体关系的能力

瑞文测验也是常用的一种智力测验。它是一种非文字测验，试题是一系列彩色或黑白的图形，右下角缺了一块，要求被试者从这些图形的变化中找出规律，然后在提供的 6 小块或 8 小块图形中挑选 1 块最合适的图形填补上去，使图形完整。瑞文测验是一种团体测验量表，因此使用较为方便。评分时正确得 1 分，错误得 0 分，然后按总分及被

试者的年龄即可在常模表中查到其智商分数。瑞文测验具有一般文字智力测验所没有的特殊功能，由于是用图形方式出题的，其对语言有障碍的被试者、少数民族被试者都适用，可以看作一种公平的测试。由于其题量少、评分简单，所以施测省时省力，是进行大规模智力筛选和考查的理想工具。

（2）特殊能力测验。

特殊能力反映人们在某些方面的特长和技能，通过对这些特殊能力的测量可以推论、评估人们的较高层次的能力。有许多职位对任职者是否具有某方面的能力会提出一定的要求，这时运用特殊能力测验就可以为选拔提供参考依据。特殊能力测验包括机械能力测验、文书能力测验、音乐美术能力测验等。贝内特机械理解测验就是机械能力测验的一种，它可以测量被试者对机械关系和物理定律的理解能力。它的测验材料是以图形加问题的形式，要求被试者根据图形回答问题。机械能力测验可用来衡量人们对机械原理的理解、判断空间形象的速度、准确性，以及手眼协调的运动能力。该测验应用范围较广，有效对象为机械工程设计师、修理工、艺匠和工程师等职位的应聘者。文书能力测验包括与智力测验类似的题目，以及测量知觉速度和准确性的题目，因为文书工作需要言语、数学能力和动作敏捷、察觉异同的敏锐力等，所以文书能力测验主要用于测验个人打字、速记、簿记、处理文书和联系工作的能力。常用的文书能力测验包括测量被试者的文书速度、准确性、言语准确性和数字能力的一般测验，以及简单数字和姓名匹配检查的明尼苏达文书测验。

（3）多重能力倾向测验。

测量人的各种能力，可以为每种特殊能力编制单独的测验，但这样往往比较费时，在人事选拔中也难以实现，因此有必要使用能同时测定几种能力的测验，多重能力倾向测验就可以满足这一要求。能力倾向是一种潜在的能力素质，即有效承担某项工作或成功履行某种职责的可能性，而并非已经具有的现实智能水平。它表现为一个人在一定环境中经过适当学习训练，能够做什么的潜力，即个人能学会做什么。能力是由先天因素、后天学习和社会实践而形成的完成某项工作任务或活动的智能水平，或者说是从事某种活动（如承担某项责任、完成某项任务等）现已具有的主观条件，而不需要进一步训练。因此，能力倾向既不同于智力，也不同于人在某方面接受教育和训练获得的专业知识和技能，它具有相对广泛性，可以影响一个人在各种领域中多种活动的效率。能力倾向还具有相对稳定性，它是由个人多年学习和实践积累形成的、稳定的心理特征，很难改变，虽有可能改变，但不可能在短时期内迅速提高。

多重能力倾向测验就是用来测量与某些活动有关的一系列心理潜能的考试，能同时测定多种能力倾向。在各种人员的选拔方案中，多重能力倾向测验都被认为是必不可少的部分。这种测验主要有基本心理能力测验（Primary Mental Abilities Test，PMAT）、普通能力倾向成套测验（General Aptitude test battery，GATB），以及区分能力倾向测验（Differential Aptitude Test，DAT）等。其中，GATB 由 8 个纸笔测验和 4 个仪器测验组成，可以测量 9 个因素：言语能力、数字能力、空间判断能力、一般学习能力、形状知觉、文书知觉、运动协调能力、手指灵巧度、手部灵活度。这 9 个因素中的不同因素组合代表着不同的职业能力倾向，如数字能力、空间判断能力较强，手部灵活度较好的人适合从事设计、制图作业。因此，GATB 也常用来测定被试者的职业倾向。

（4）行政职业能力倾向测验（Administrative Aptitude Test，AAT）。

AAT 是国家公务员录用考试公共科目的重要组成部分。它有利于帮助人事部门了解被试者从事行政工作的潜能差异，避免选人过程中出现“高分低能”的现象。AAT 成绩的优劣，将在很大程度上决定被试者能否加入公务员队伍。

AAT 属于一种潜能测试，即考查被试者在未来从事公务活动中潜在的能力素质，考查被试者有无成功履行公务员职责的可能性。因此，它既不是一种理论知识的考试，也不是行政职业技能测验，而是介于二者之间。通过 AAT 只能说明被试者具备了进入国家机关工作的必要条件，即 AAT 只是在一定程度上体现了对公务员最低限度的要求，还需要综合其他测评结果的考虑才能决定录用与否。

在内容结构和表现形式上，AAT 有测验面宽、题量大、题型稳定、题本与答卷分离等特点。该测验通常包括以下 5 个相对独立的分项测验，共 150 题。

① 知觉速度与准确性测验。考查被试者对数字、字母等视觉符号快速和准确地感觉、比较、转换、加工的能力，涉及感觉、知觉、短时记忆、判断等心理过程，是一种典型的速度测验。这部分测验单独计时，答错要倒扣分。

② 数量关系理解测验。测验题目所用的数学知识都很简单，主要考查被试者的算术能力。

③ 言语理解与表达测验。考查被试者对文字材料的理解、分析和运用能力。

④ 资料分析测验。以图形、表格文字表达的统计资料往往包含大量信息，如何准确理解、综合分析这些信息，是公务员必须具备的重要能力。

⑤ 判断推理实验。该实验涉及对图形、词语概念、事件关系和文字材料的理解、比较、演绎及综合判断能力，判断推理能力的强弱反映一个人对事物本质及事物间联系的认知能力的高低。公务员必须具备较强的判断推理能力。

AAT 的测试内容主要以文字、数表和图形 3 种形式表现，一律采用客观性的标准化试题。与一般的标准化考试不同，AAT 有较严格的时限要求，其中，知觉速度与准确性测验的每道试题平均作答时间仅为 10 秒钟。在规定时间内不能完成所有题目是常有的现象。因此，AAT 的作答要求被试者思维反应敏捷，能迅速把握题意，并马上做出反应。

在测验实施上，AAT 也较为严格。由于有较多的时间限制，因此要求程序严密、操作规范。测评人员应严格按施测程序操作，并控制被试者按指令作答，才能保证测试的有序进行。

对被试者来说，该测验测试的是个人由多年生活、学习和实践积累形成的稳定的心理特征。因此，不能靠短时突击的死记硬背来提高成绩。其实，AAT 测试题目并不难，如果有足够时间的话，多数人都可以取得较好的成绩。但若在时间有限、题量又大的紧张状态下，有些考生就难以正常发挥了。因此，它不仅是被试者潜在能力水平的竞争，也是被试者个体胆识、意志力、信念、适应性等心理品质经受全面考验的过程。因此，只有以自信、乐观的心态接受考试，严格按照测评人员的指令答题，才能正常发挥，取得客观、真实的成绩。

（5）创造力测验。

创造力是指产生新思想、发现和创造新事物的能力，是更高级的思维层次。在人员招聘选拔中，几乎所有的组织都倾向于选拔有创造力的员工，创造力往往会给组织带来意想不到的收益。因此，在心理测评中，创造力测验是非常重要的衡量创造性的工具。

主要的创造力测验有南加利福尼亚大学发散性思维测验、托兰斯创造思维测验及芝加哥大学创造力测验等。以南加利福尼亚大学发散性思维测验为例，它主要以发散性思维（一项重要的创造思维）为测量内容，由 14 项测验组成，分别要求被试者对言语和图形内容做出反应，如迅速写出含有字母“O”的单词（词语流畅性）；列举如果人不睡觉可能产生的后果（对事件后果的估计）；在给定的图形上增加线条，使之成为可辨认的物体（绘图）；移动指定数目的火柴以形成特定数目的正方形或三角形（火柴问题），等等。该测验适用于中学文化水平以上的人，具有良好的信度。现有的这些创造力测验多属于开放性题目，因此评分往往带有较大的主观性。在使用这一类创造力测验时，应严格参照评分标准进行评分，并且使用经过严格训练的测评人员，这样才能保证测验结果的可靠性和有效性。

3. 性格测验

常用的性格测验主要有以下几种。

（1）MMPI。

MMPI 是问卷法的一种，它可以同时测量多种人格特质，因此被称为“多相”测验。它由 566 题组成，其中 16 题重复出现，以检验被试者反应的一致性和做题的态度。被试者对每个问题根据自己的实际情况选择“是（T）”“否（F）”两个中的一个，一般耗时 1 个小时左右。MMPI 有 10 个临床量表，可以得到代表 10 种人格特质的分数，如表 1-3 所示。

表 1-3　MMPI 量表所示人格特质

序　号	临床量表	符　号	高分的解释
1	疑病	Hs	强调身体的疾病
2	抑郁	D	不快乐、抑郁
3	歇斯底里	Hy	对应少许的反应是否有问题
4	精神病态	Pd	与社会缺乏一致性，经常处于法律纠纷中
5	男性化—女性化	Mf	女性倾向（男子）；男性倾向（女子）
6	妄想性	Pa	多疑
7	精神衰弱	Pt	烦恼、焦虑
8	精神分裂症	Sc	孤独、古怪思想
9	轻躁症	Ma	冲动、激动
10	社会内向	Si	内向、害羞

MMPI 还包括四个与效度有关的量表：疑问量表、说谎量表、效度量表、校正量表。它可以用来考查被试者的作答是否可信、态度是否认真、是否有较强的防御机制、是否在回避问题，以及是否在伪装疾病等。首先，通过被试者的回答得到其原始分数；其次，将原始分数转化为标准分（对照常模表），标注在剖面图上；再次，将各量表标准分的点按顺序连接起来，就得到被试者的 MMPI 剖面图；最后，通过对剖面图形态的研究，可以对被试者的多相性格做出合理解释。

MMPI 的优点是题目较多，能够全面地测量人格特质的各个方面，信度、效度较高。但题目多，会影响被试者做题时的情绪，并且它对各种人格特质的描述多用病理上的名词，用在正常人身上不是很合适。一般来说，MMPI 的施测和评分并不困难，但在对剖面图的分析上，必须是有丰富临床经验的心理学家才能够承担。所以在实际运用中，MMPI 还有一定的局限性。

（2）16PF。

16PF 适用于 16 岁以上的青年和成年人，它可以在约 45 分钟里测量互相独立的 16 种人格特质（见表 1-4）。

表 1-4　16PF 中的 16 种人格特质

因　素	特质名称	低分者特性	高分者特性
A	乐群性	缄默、孤独	外向、热情
B	智慧性	迟钝、学识浅薄	聪慧、富有才识
C	稳定性	情绪激动	情绪稳定
E	好强性	谦逊顺从	好强固执
F	乐观性	严肃审慎	轻松兴奋
G	有恒性	权宜敷衍	有恒负责
H	敢为性	畏怯退缩	冒险敢为
I	敏感性	理智、注重实际	敏感、感情用事
L	怀疑性	信赖随和	怀疑、刚愎
M	幻想性	现实、合乎成规	幻想、狂妄不羁
N	世故性	坦白直率、天真	精明能干、世故
O	忧虑性	安详沉着、有自信心	忧虑抑郁、烦恼多
Q1	实验性	保守、传统	自由、批评、激进
Q2	独立性	依赖、附和	自立、当机立断
Q3	控制性	矛盾冲突、不明大体	知己知彼、自律严谨
Q4	紧张性	心平气和	紧张

16PF 根据实验统计结果所得的公式推算出许多种可以形容人格类型的次级因素（见表 1-5）。这些次级因素不是直接用原始分推算的，而是由几个有关的基本因素的标准分，经过数量权衡，连同指定数相加而成的。常数和均衡数量的多少是由雷蒙德·卡特尔根据多年的研究统计分析结果获得的。

表 1-5　16PF 测定的人格类型

双重个性因素	高分者特性	低分者特性
适应与焦虑性	焦虑性高、易激动、易出现不满意感	焦虑性低、可能对困难的工作缺乏毅力
内向与外向性	外向、开朗、善交际、不受拘束	内向、趋于胆小、自足，和别人交往时拘谨、克制
感情用事与安详机警性	安详机警、富于事业心、果断、刚毅，但也易贸然行事、不顾后果	感情用事、情感丰富、含蓄敏感、性格温和、讲究生活艺术

续表

双重个性因素	高分者特性	低分者特性
怯懦与果断性	果断、独立、有气魄、有攻击性、有创造性	怯懦、顺从、被动、依赖、迎合迁就别人

此外，雷蒙德·卡特尔还用因素分析法演绎出了估量各种行为及其有关人格因素分数高低标准的特殊公式，包括评定心理健康者的个性特质公式、创造性强者的个性特质公式、专业而有成就者的个性特质公式，以及在新环境中有成长能力的个性特质公式等。这些公式可以作为心理咨询或升学指导的诊断工具。

16PF 具有较高的信度和效度，编制比较科学，施测、评分和解释都比较方便。因此，16PF 是国际上颇有影响力的一种人格测验，得到了非常广泛的运用。

（3）加利福尼亚心理测验（California Psychological Inventory，CPI）。

CPI 是由美国加利福尼亚大学心理学教授高夫设计的一种个性测验。该测验有一半题目来自 MMPI，但与 MMPI 不同的是，CPI 更强调人的正常的个性特质。CPI 由 480 道题组成，可分成如表 1-6 所示的 4 个量表群，共 18 个分量表，每个分量表都可以评估一种在社会交往中表现出的个性特征。

表 1-6 CPI 的量表群及其分量表

量表及所测因素		分量表	内 容
第 1 量表群	人际关系 社会适应性	支配性	领导能力、支配性和主动性
		上进心	个人争取达到某种社会地位的能力和技术的程度
		社交性	个人参与社交和人际关系的程度
		自在性	在社交时的自在性和自信的程度
		自尊性	自我价值、自我接纳、独立思考与行动的程度
		幸福感	身心健康和自我满意的程度
第 2 量表群	社会化 成熟度 责任心 价值观	责任心	责任心和诚实的程度
		社会化	社会成熟程度和正直性程度
		自制力	自我控制的程度
		容忍性	对人对己的宽容程度
		好印象	社会认可性和可靠程度
		从众性	个人与一般人符合的程度

续表

量表及所测因素		分量表	内　容
第 3 量表群	成就潜能 智力水平	遵从成就	对成就关心或要求的程度
		独立成就	对社会自主及促进其成就的关心程度
		智力水平	智力程度
第 4 量表群	生活态度和倾向	共鸣性	一个人对他人的需要、动机和兴趣的敏感程度
		灵活性	个人变通能力
		女性化	个人的女性化程度

CPI 适用于 13 岁以上的正常人，可以个别施测，也可以团体施测，因此该量表使用很方便，应用也非常广泛，尤其是在企业职业选拔中表现出较高的实用价值。该量表适用于正常人的个性评定，除了测量被试者现在的性格特征，还可以预测被试者今后的学业成绩、犯罪倾向和职业成功的可能性等。如果被试者几乎所有的分数都超过平均标准分数线，则表明他可能在社交和智力两方面都发展得较好。用 CPI 可以测出行为异常、情绪不稳定者，减少这些人对组织发展的不良影响，确保录取人员行为和情绪属于正常范围，并根据各岗位的职责要求选拔个性特点适宜的员工。

（4）投射测验。

投射测验是间接测量人格的一种方法，它使用投射技术唤醒被试者的内心世界或个性的不同表现形式，从而根据被试者的反应分析和挖掘其内在的需要等心理状态。

投射测验使用含糊、模棱两可的刺激材料，让被试者在不受限制的情况下，自由做出反应，不知不觉地表露出自己的人格特征。在投射测验中，被试者一般不清楚测验的目的，因此可以较大程度地避免“防卫机制”的出现。与问卷法不同，投射测验主要关注对性格的总体评估，而不是个性因素和逐个描绘，它让被试者通过对不明确情景的自然反应，使被试者潜意识中的欲望、冲突得以流露，从而整体地研究其人格特征。因此，在问卷法中难以触及的潜意识，在投射测验中很可能表露出来。

罗夏墨迹测验是一种比较经典的投射测验。它向被试者逐一展示 10 张没有内容、没有意义的墨迹图，然后问被试者：“你看到什么？”“它像什么东西？”“它让你想到什么？”等，让被试者完全根据自己的联想和感受自由回答。测评人员则把被试者的反应都详细地记录下来，根据计分规则评分并解释测验结果。然而，罗夏墨迹测验的评分和解释是一项极为费时费力的工作，做起来非常困难，只有训练有素且临床经验非常丰富的心理学家才能掌握和熟练运用这种方法。此外，罗夏墨迹测验需要个别进行，不适宜进行大规模的使用。

主题统觉测验也是一种著名的投射测验，它的材料是 30 张印有人物、风景的图片，以及 1 张空白卡片，对不同的被试者选用不同的图片施测。被试者的任务是根据不同的图片自由编造一个有戏剧性的故事，测评人员则记录被试者的叙述及各种其他反应，也可以要求被试者把故事写下来。测评人员在测验后还应与被试者谈话，以便深入了解故事的内容。由于个人对图画所编造的故事与他的生活经验有密切关系，因此在编造故事时，人们常常不自觉地把个人的心理活动和潜意识投射到故事中去。通过分析故事，可以揭示被试者的一些主要的动机、情绪和个性等，主题统觉测验的特殊价值就在于它不但展示个体潜在的、被压抑的倾向，还能整体地描述个性。

投射测验是以被试者的自由想象和发挥为中介，从而推论被试者内心潜伏的心理欲望、心理冲突等总体的人格特征，并可以同时考查个人的智能、创造力、解决问题的能力。它对测验结果的评分和解释有非常大的主观性，对测评人员要求也非常高，是一种比较费时、费力的测验方法。但它是对问卷法测验的补充，可以揭示人格中不易显露的一面。因此，该测验虽然不能广泛地运用于人事考评中，但具有一定的实用价值。例如，可以适当地用于评价高级总裁职位的候选人，作为选拔决策的重要依据。

4. 职业心理测验

了解被试者的职业心理因素所属的类型及特点，即职业倾向、职业兴趣等，无论对于被试者确定合适的求职目标，还是对于预测被试者在某职业中的可能成就和发展以作为选拔依据，都是非常重要的前提。要把握个体的职业心理特性，可以凭经验做出判断，但为了使评估更客观和有效，还是应使用职业心理测验量表。

（1）霍兰德职业倾向测试量表。

霍兰德职业倾向测试量表是常用的职业心理量表之一，它是由美国职业指导专家霍兰德根据他本人大量的职业咨询经验，以及他所创立的“人格类型”理论的基础上编制的测评工具。霍兰德在其一系列关于人格与职业关系假设的基础上，提出了 6 种基本的职业类型，并解释了这 6 种职业类型基本的人格倾向，如表 1-7 所示。

表 1-7　霍兰德职业类型与基本的人格倾向

职业类型	基本的人格倾向
实际型	喜欢有规则的具体劳动和需要基本操作技能的工作，但缺乏社交能力，不适应社会性质的职业。其典型的职业包括技能性职业（如一般劳工、技工、修理工等）和技术性职业（如软件开发师、摄影师、机械装配工等）
研究型	具有聪明、理性、精确等人格特性，喜欢抽象的、分析的、独立的定向任务这类研究性质的职业，但缺乏领导才能。其典型的职业包括科学研究人员、工程师等

续表

职业类型	基本的人格倾向
艺术型	具有想象、冲动、直觉、理想化、有创意、不重实际等人格特性，不善于事务性工作。其典型的职业包括艺术方面的（如演员、导演）和文学方面的（如诗人、剧作家等）
社会型	具有合作、友善、善社交、善言谈、洞察力强等人格特性，喜欢社会交往，关心社会问题，有教导别人的能力。其典型的职业包括教育工作者与社会工作者
企业型	具有冒险、有野心、独断、乐观、自信、精力充沛等人格特性，喜欢从事领导及企业性质的职业。其典型的职业包括政府官员、企业领导等
传统型	具有顺从、谨慎、保守、实际、稳重等人格特征，喜欢有系统、有条理的工作。其典型的职业包括办公室人员、会计、打字员等

霍兰德职业倾向测试量表通过让被试者在一系列工作中做出符合自己喜好意愿的选择的方式，统计分析所有被选的答案，来发现和确定被试者的职业兴趣和能力特长。这一量表共由 7 个部分组成。

第 1 部分：你心目中的理想职业（专业）。要求填写最想从事的 3 种工作或最想读的 3 种专业。

第 2 部分：你所感兴趣的活动。在分归于 6 类的 60 种活动中，用选择“是”“否”的方式回答“你是否喜欢从事下列活动。”

第 3 部分：你所擅长或胜任的活动。在分归于 6 类的 60 种活动中，选出你能做或大概能做的事，在“是”栏里打“√”，反之，在“否”栏里打“×”。

第 4 部分：你所喜欢的职业。在分归于 6 类的 60 种职业中，选出自己感兴趣的职业。

第 5 部分：你的能力类型简评。评定自己在 6 类职业能力方面的大致水平。

第 6 部分：统计和确定你的职业倾向。将各部分中各类的测验分数（即选“是”的个数）填到得分表中，并相加得到总分。然后将 6 种职业倾向得分按高低排列。

第 7 部分：你所看重的东西——职业价值观。从所附的 9 项工作价值标准中选出你认为最重要和最不重要的两项因素。

测验完成后，可以对照职业索引表，判断被试者的职业兴趣，以及适合被试者的职业类型。这一量表使用非常简单，在职业指导和人才选拔中运用十分广泛。

（2）气质量表。

气质是个人相对稳定的心理活动的动力特征，它使人的日常生活带有一定的色彩，形成一定的风貌。构成气质类型的心理特征有感受性、耐受性、不随意反应性、反应的敏捷性与灵活性、可塑性与稳定性、内外向性、情绪兴奋性、情绪和行为特征。这些不同的心理特征构成了 4 种不同的气质类型：胆汁质、多血质、黏液质和抑郁质。一般来说，具有某种典型气质特征的人是很少的，三种气质的混合型也很少，多数人是近似其中某一类型或者是两种类型的混合气质。气质与神经类型的强度、均衡性、灵活性、行为特点，如表 1-8 所示。

表 1-8　气质与神经类型的强度、均衡性、灵活性、行为特点

气质与神经类型	强度	均衡性	灵活性	行为特点
胆汁质/兴奋型	强	不均衡	不灵活	攻击性强、易兴奋、不易约束、不可抑制
多血质/活泼型	强	均衡	灵活	活泼好动、反应灵活、好交际
黏液质/安静型	强	均衡	惰性	安静、坚定、迟缓有节制、不好交际
抑郁质/抑制型	弱		不灵活	胆小畏缩、消极、防御反应强

气质在人的实践活动中不起决定性作用，但有一定的影响，主要表现在它可能影响活动的效率。例如，要求做出迅速灵活反应的工作，具有多血质和胆汁质的人比较合适，而具有黏液质和抑郁质的人则较难胜任；反之，要求持久细致的工作，具有黏液质、抑郁质的人较为合适，而具有多血质、胆汁质的人又较难胜任。显然，为了提高工作效率，对不同职位和岗位的员工的气质特性就要提出特定的要求，有些特殊工种还有其特殊要求，否则是难以适应和胜任工作的。华东师范大学俞文钊教授研究发现，多血质、黏液质，或者两者的混合型是较适宜担任管理人员的气质类型。

常用的气质量表有瑟斯顿气质量表、吉尔福特–齐默尔气质调查表，以及陈会昌气质量表等。陈会昌气质量表共 60 道题，每种气质类型包括 15 道题。要求被试者对题目的陈述根据自己的实际情况在“很符合”“比较符合”“介于符合与不符合之间”“比较不符合”“完全不符合”中进行选择。采取五级评分制计分，根据得分多少确定气质类型。该调查表简单易行，信度和效度较高。

5．价值观测评

价值观是个人对客观事物的意义与重要性的总评价，它使人的行为带有个人的某种稳定的倾向性，人们对各种事物的评价，在心目中有轻重主次之分，这种主次的排列，就构成了一个价值体系。价值观及其价值体系是决定个人行为与态度的基础。在相同的条件下，不同价值观的人会有不同的行为与态度，价值观不仅影响个人行为，还影响整个组织的行为，进而影响企事业单位的经济效益与社会效益。因此，在人员录用时，必须考虑价值观测评。

价值观的类型有不同的划分，其中有两种类型对测评有参考价值。

（1）斯普兰格六类型。

① 理论型。理论型的人表现为乐于发现真理，凭借观察和推理发现事物之间的一致性和差异性，具有实验的、批判的和理性的爱好。

② 经济型。经济型的人强调事物的实用性，凡事以有效与实惠为尺度。

③ 审美型。审美型的人总是从形式与和谐中寻求最高价值。以文雅、优美、对称和恰当的标准判断每种经验。

④ 社会型。社会型的人的特征是利他与仁慈，他们在社会实际生活中往往表现出宽容、富于同情心和无私等品德。

⑤ 政治型。政治型的人热衷于追逐个人权力、影响力和声望等，他们在政治以外的活动领域中，也希望通过竞争、奋斗获得名誉与地位。

⑥ 宗教型。宗教型的人是一种理想信念主义者，他们在工作和生活中总是以自己的信仰与理想为准则。

（2）格雷夫斯七等级型。

① 反应型。反应型的人只追求自己的基本生理需求获得满足，而不考虑其他人与周围条件。

② 宗教式忠诚型。宗教式忠诚型的人喜欢按部就班地看问题，依赖成性，服从于传统习惯与权势。

③ 自我中心型。自我中心型的人粗犷、富有闯劲儿，为了取得自己想要得到的东西，愿意做任何工作。

④ 顺从型。顺从型的人的特征是忠诚、尽职尽力、勤恳、谨小慎微、喜欢任务明确。

⑤ 权术型。权术型的人非常现实，追求功利，喜欢玩弄权术，乐于奉承有关的上级。

⑥ 社交中心型。社交中心型的人重视工作集体的和谐，喜欢平等的人际关系，把善于与人相处和被人喜爱看得重于自己的发展。

⑦ 价值主义型。价值主义型的人喜欢自由和创造性的工作，喜欢灵活的职务，重视挑战性的工作和学习成长的机会，把金钱和晋升看作次要的，能高度容忍不同观点的人和模糊不清的意见，对于僵化的制度、滥用权力等现象，能直言不讳。

价值观是一种高级的认知形式，问卷测验是常用的一种测评形式。这方面国外较为推崇的是阿尔波特、韦农和林达塞所编制的价值观研究量表，此量表发表于 1931 年，后来在 1951 年与 1960 年分别进行了修订。

价值观研究量表是以斯普兰格六类型为依据编制的，共 45 道题，前 30 题每题 2 个选项，后 15 题每题 4 个选项，下面是该量表中的两道题。

第一部分例题：如果你在报纸上看到同样大小标题的新闻，你倾向于先读（　　）。

A. 反对派领导人协商解决双方冲突　　B. 世界投资环境有明显改善

第二部分例题：根据你自己的意见，一个整年都忙碌工作的人，星期天最好（　　）。

A. 读一些严肃的书籍　　B. 参加体育比赛

C. 去听一场交响乐音乐会　　D. 去听一次好的布道

所有的题目都由自己作答，不受时间限制，允许但不希望被试者有不作答的题目，对于第一部分试题的计分方法是对于 A、B 两个选项，若肯定一个而否定另一个，则分别赋予“3”分和“0”分；如果只是稍微偏向一个并不否定另一个，则分别赋予“2”分和“1”分。对于第二部分试题的计分方法是，给最赞同的选项“4”分，最不赞同的选项“1”分，中间依此类推。

该量表总共 120 个选项，其中对应每种类型的选项各 20 个，经过相加，获得 6 个总分。被试者在哪种类型上的总分最高，他就倾向于哪一种价值观类型。

6. 态度测评

态度是个体对某类型的人、事物、机构及观念的较为稳定的行为倾向，其定义是，个体针对一组社会事物而产生的具有一致性的反应群。它的表现形式有三个层次：一是认知层面，即个人对事物的了解、认识、看法，其中最重要的是评价性的见解；二是情感层面，即个体对事物的情感与好恶；三是行为倾向层面，即个体对事物的可观察的行为倾向。例如，怕苦怕累思想与情绪较严重的人不愿意到第一线工作。每个层面都有方向性（赞成与反对）、强弱（非常、比较、一般），以及多面性（指每一层面由很多种类构成，如爱可以分为友谊、吸引、尊敬、恋爱等）。三个层面之间还存在一致性。

意见与态度、价值观作为表达个人理性与情感的评价形式，其功能是相同的，但是它们又有不同的地方。意见通常指个人对特定的、具体的事物对象做短暂性的评价，大多涉及公共事物；态度所涉及的对象更广泛、更抽象些，持续性比意见更久；价值观也指信念，较态度更基本、更持久些。

由于态度主要是一种内心活动形式。在认知、情感与行为上具有一致性，因此对态度的测评，最常用的是问卷测验和认知量表形式。

下面结合几种态度量表介绍一下有关的编制方法，以了解态度测评的原理与方法。

（1）瑟斯顿态度量表的编制方法。

① 根据所要测评的态度对象，收集与对象有关的态度语（叙述句）100~200 句。

收集态度语的原则是：措辞简单，语句通顺；语句意义易于了解，不产生歧义；每个态度语需要对态度对象表明一个确切的态度；公认的理论或确切的事实不适合用作态度语；每个态度语必须是一个完整的句子。

② 请 50~60 位对态度对象熟悉而又客观的专家，按每个态度语表示的态度将所有的态度语划分为若干组，一般是 7~13 组。请专家按照下面的要求把态度语归到相适宜的类别组中：第 1 组内放置态度最极端反对的态度语，第 2 组内放置那些最为赞成的态度语，其余各组按顺序放置，使第 2 组内的态度语尽管是反对的，但不如第 1 组那么强烈，第 3 组也是反对的，但不如第 2 组那么强烈，依次类推。特别要注意使每组之间的距离，看起来要相等。

③ 做出每个态度语的累积百分比分布表。

④ 做出每个态度语的累积百分比分布图。

根据累积百分比分布图找出中位数（与 50%累积百分比相对应的横坐标的数值），该中位数为这一态度语的量表值。从累积百分比分布图上找出与 25%累积百分比相对应的横坐标的数值，再找出与 75%累积百分比相对应的横坐标的数值，两数之差（后者减去前者的数值），为鉴别态度语质量的主要指标。数值越小，说明测评人员对该态度语的判断越一致，即该态度语越确切；数值越大，说明态度语越含糊不清。当数值大于或等于 2 时，态度语就不便选用。

⑤ 选出量表值小且第 1、2 组内都有相应量表值的态度语 20~30 句，就构成了瑟斯顿态度量表，这是一个等距量表。

表 1-9 列出了一个用于测量妇女在经济界地位的态度量表。

表 1-9 妇女在经济界地位的态度量表

量表值	题　号	态度语（项目）
2.5	1	妇女工作，使失业率增加
9.9	2	依靠男子的妇女，如同寄生物
7.0	3	在家庭外做事的妇女喜欢交往
7.6	4	如果家庭事情不多，妇女最好在外有事做
4.3	5	妇女的经济地位，不是一件紧要的社会问题
3.4	6	凡有幼年子女的妇女，不应在外做工
1.3	7	妇女的地位在家庭之中
9.3	8	男女在职业界上，应占同等地位
4.5	9	劳力的苦工，不得由妇女去做

续表

量表值	题　　号	态度语（项目）
5.1	10	妇女做事，应只占次等的位置
10.6	11	政治上的重要位置，应完全由妇女充任
8.8	12	应当鼓励妇女就业
2.8	13	工商业界聘用妇女，会导致工作效率降低
3.8	14	做工的妇女，失其娇态
0.1	15	任何工种都不应雇用女工
6.0	16	未婚的女子，才准做工
10.4	17	如果工业都由妇女管理，我们的一切经济问题，皆可能解决
8.2	18	妇女有专职的，其子女必羡慕
6.8	19	遇有必要时，妇女应自食其力
0.6	20	妇女应该完全由男子供养
5.7	21	妇女是否做工，应当视其家庭经济状况而定
6.4	22	妇女如情愿做工，应准其做
7.8	23	未曾在外做工的妇女，其眼光是很狭隘的
5.4	24	我们对妇女做工问题，没有成见
1.6	25	妇女最重要的“职业”是生育子女

在实施测验时，被试者就上述量表各项目表示赞成或不赞成。赞成的项目记作“√”，不赞成的项目记作“×”。如果是团体测验，不允许被试者之间相互交谈。填写答卷一般没有时间限制，但为避免拖延，普通时限为 15~20 分钟。计分方法实际上很简单，一般将表示同意的项目依分数高低排列，求出中位数，以居中项目的量表值为该被试者的态度分数。如某一被试者对 2、4、8、12、17、18、23 诸句表示同意，其相应的量表值，如表 1-10 所示。

表 1-10　某被试者同样的项目之量表值

态度语	2	4	8	12	17	18	23
量表值	9.9	7.6	9.3	8.8	10.4	8.2	7.8

然后按上述量表值的大小排列等级，求出中位数为 8.8，如表 1-11 所示。

表 1-11　按量表值大小排列等级求中位数

量表值	9.9	7.6	9.3	8.8	10.4	8.2	7.8
等　级	2	7	3	4	1	5	6

该量表规定分数越高越赞成妇女从事社会劳动，因此该被试者的分数 8.8 意味着比较赞成妇女到社会上工作。

瑟斯顿态度量表的信度一般为 0.8~0.9。

（2）李克特量表的编制方法。

李克特量表是评分加总式量表中最常用的一种，这种量表形式是李克特于 1932 年提出的。它是以肯定（正面）或否定（反面）的方式表述项目，然后假设每个项目之间都是等值的，均按反应中同意或不同意的程度统一赋分，所有项目得分的总和为个人态度的分数。

由此不难看出，李克特量表中所有的项目必须是同质的，即每个项目都是评定同一件事物（或同一个主题），编制的关键在于每个项目的选择是否妥当。具体的编制步骤如下。

① 针对态度对象选择量表项目，以肯定或否定方式表述。一般要求所选择的项目是相同性质的，因为态度间的相关性，所以可以利用看来与测评某一态度不是直接有关但实际相关的项目测评该态度。例如，人们对规范遵守的态度，与对规范合理性认识的态度是相关的，因此可以选用一些有关规范认识的态度语。

李克特量表的项目一般为 20~25 个。

② 试测。抽选一组有代表性的被试者，就上述初选出来的项目做出评价。通常分 5 个等级："1" 表示非常同意；"2" 表示同意；"3" 表示无意见；"4" 表示不同意；"5" 表示极不同意。

③ 赋分。以正面方式叙述的项目，越赞成给分越高。就 5 个等级类别的反应而言，非常同意的给 "5" 分，极不同意的给 "1" 分，中间的档次依次类推。以反面方式叙述的项目，越赞成给分越低。非常同意的给 "1" 分，极不同意的给 "5" 分。

④ 分析项目并进行筛选。首先，根据总分高低将所有被试者按顺序排列，将态度总分最高的 25%被试者划为一组，总分最低的 25%被试者划为一组；其次，计算此两组被试者在每项上平均得分的差异，即该项目的区分度或鉴别力。差异越大的项目区分度越高，越有保留价值。

如果有 5 个区分度都低且相等的项目，只需要从中删除 2 个，然后用统计学中的 t 检验对每个项目组的平均分与低分组的平均分之间的差异进行显著性检验，差异显著的项目保存，反之删除。

（3）哥特曼量表的编制方法。

哥特曼量表由单独且同质的少量项目构成。项目内容是对现象的描述，可以是短语，也可以是句子，数量不超过 10 个。每个项目有 5 个等级性的选项：①经常；②有时；③只有一次；④从来不；⑤不予以作答。要求被试者从中选择最适合他们情况的答案。当项目所描述的现象是正面的时，选①、②、③的得 1 分，选④、⑤的得 0 分。所有的项目得分相加为总分。

哥特曼量表的编制步骤如下。

① 设计出可用于揭示被试者特征的短语或语句。赞成的以“1”表示，不赞成的以“0”表示。

② 抽选一个有代表性的样组进行测试。假设某项目有 15 个人参与试验，其结果如表 1-12 所示。

表 1-12 哥特曼量表分析

被试者	测评项目								分数
	7	5	1	8	2	4	6	3	
15	1	1	1	1	1	1	1	1	8
7	1	1	1	1	1	1	1	0	7
9	1	1	1	1	1	1	1	0	7
10	1	1	1	1	1	1	0	0	6
1	1	1	1	1	1	1	0	1	7
13	1	1	1	1	1	1	0	0	6
3	1	1	1	1	1	0	0	0	5
2	1	1	1	1	0	0	0	0	4
6	1	1	1	1	0	0	0	0	4
8	1	1	1	0	0	1	0	0	4
14	1	1	1	1	0	0	0	0	4
5	1	1	1	0	0	0	0	0	3
4	1	1	0	0	0	0	0	0	2
11	0	0	0	0	0	0	0	0	0
12	1	0	0	0	0	0	0	0	1

③ 将被试者依总分从上至下排列，如表 1-12 中的“被试者”列与“分数”列。

④ 将项目按赞成次数最多至赞成次数最少从左至右排列，如表 1-12 中的“测评项目”列。

⑤ 去掉某些不易找出分割点的项目（指那些“0”，这样会给使用该测评软件的公

司带来误导，“1”不是集中于上下端，而是随机出现的项目），因为这类项目无法判断是被赞成还是被反对。

⑥ 计算交叉系数。首先，从表 1-12 中的分割线上找出“0”的个数；其次，从此表中的分割线之下找出“1”的个数。本例中，分割线上的“0”共 2 个，分割线下的“1”共 4 个，总计 6 个交叉数；最后，把交叉数代入公式 C=1-（交叉数/0 与 1 的总个数）=1-（6/120）=0.95。当 C >0.09 时，哥特曼量表成立。

从哥特曼量表分析被试者得分高低，可直接看出态度的差异情况，不会像前面两种量表那样出现分数相同而形态不同的现象。

1.3 人才测评应用中的认识误区

尽管现代人才测评的应用越来越受到各类组织的重视，但与此同时，许多人对人才测评还有各种各样的认识误区。

1.3.1 误区一：人才测评无用论

尽管现代人才测评的影响越来越大，但仍有人认为人才测评没用，甚至认为人才测评得不偿失，持这种观点的人总是有这样“充足”的理由：以往没有现代人才测评技术，企业不是也发展到今天了吗？但他们没有仔细想想，毕竟时代已经完全不同了，如果说科技人员的误用还可以弥补的话，那么管理人员的误用，特别是中高级管理人员的误用，将对组织造成无可挽回的损失。施乐公司曾对 500 名销售人员和经理进行测试，花费了 34 万美元，而实际增加的经济效益是 490 万美元；在 1998 年，美国电话电报公司投资 3.3 亿美元咨询费，重要工作之一是人才测评，综合效益是 15%，避免了 55 亿美元的经济损失。由此可见，科学的人才测评要比传统的选人用人办法准确、客观、有效。这就像医生给病人看病，过去只是看病人的脸和诊脉，这固然能在许多情况下正确地判断病情，但也经常出现判断失误的情况。而现在医生诊断病情时，会给病人化验血液、做 B 超检查等，这些先进的技术大大降低了病情判断失误的概率。现代人才测评技术就像化验血液、做 B 超检查等病情诊断方法一样，准确性要比传统的选人用人办法高很多。

1.3.2 误区二：盲目信任测评软件

从现有的企业人才测评的现状来看，人才测评多依赖于软件进行评估，测评人员对于计算机软件的使用过于频繁，导致其基本测评能力难以得到提升，测评工作名存实亡，人才的筛选也出现问题。盲目地追求测评指标，对于人才没有进行全面合理的评估。从测评软件的发明来看，一些公司为了追求短期利润，没有经过合理的测试就将测评软件出售，不仅没有任何实践经验，而且存在较大的技术误区，超低的技术指标代表这样的测评工具误差较大、可信度较低，这样会给使用该测评软件的公司带来误导。

1.3.3 误区三：人才测评是选拔人才的最准确的依据

当前，人们认识到了人才测评是一种严谨、客观和准确的考查人的基本素质和能力的方法，有些企业就把人才测评看成人才选拔的最准确的或唯一的科学依据。这种看法虽然认识到了人才测评科学的一面，但过于片面，又产生了盲目的依赖。首先，人才测评的有效性和可靠性是具有一定限度的，不能单纯依靠测评分数准确定位一个人才，因此，测评必须和其他甄选手段结合使用；其次，人才测评主要考查人的知识和能力。但在实际工作中，决定人们绩效高低的因素不仅有知识和能力，还有激励水平，如果激励不足，测试评价很高的人仍然可能成为一个低效率的工作者。因此，不仅要关注人才测评的结果，还要关注人才测评的应用，要全面、科学地看待人才测评。

1.3.4 误区四：对测评结果的准确性缺乏认识

许多组织对现代人才测评的测量结果缺乏正确的认识。有人认为人才测评就像血型分析那样神秘，也有人认为人才测评与物理测量一样准确可信，这两类看法都是不对的。一方面，我们必须认识到，现代人才测评通过对行为样本的测量来推测被试者某方面的素质，是建立在理论和统计技术基础上的科学评价方法，其测量结果通常要比传统的选人用人办法准确得多。另一方面，我们也必须承认，这种测量的准确性永远无法与物理测量相比。首先，人的测量要比物理测量复杂得多，在素质测评中对测量对象的界定往往不是十分明确的，如“应变能力”的测量，需要界定什么是“应变能力”，不同的人会有不同的看法，而不像体重、身高等物理测量对象那样有明确的、大家都认可的界定；其次，在素质测评过程中，经常会受到多种因素的干扰，特别是被试者自身因素的干扰，如被试者的紧张情绪、心情、身体状况等许多因素都会影响测评结果的准确性，这在物理测量中一般是不会发生的。由此可见，人才测评不可能是十全十美的，测评的结果也不可能 100%正确。一般来说，能达到 80%的准确性就令人满意了。

1.3.5 误区五：人才测评不如试用

有许多用人单位认为，再好的人才测评也不如试用的效果好，这个看法是不正确的。首先，试用在很多情况下是不现实的，我们不可能在一个职位上（如销售经理）同时试用多位候选人，以便考察他们谁更能胜任工作；其次，在某个职位上干得好不一定在另一个职位上也干得好；最后，目前干得好，环境条件变化后未必还干得好。为了解决这些问题，我们将实际的工作场景进行浓缩，放在模拟的情景下，让被试者对各种各样的实际问题进行处理，在较短的时间内了解其素质，这就是情景模拟测试。大量的实践都已经证明，情景模拟测试具有较高的信度和效度，有很好的预测价值和经济价值。

1.3.6 误区六：测评一次，终身有效

有些企业进行人才测评是聘请的专业测评机构，一般的测评费用在 200~500 元/人，所以，企业为了节约成本，往往出现对某位员工进行素质测评后就决定其在公司的发展定位，“一次测评终身有效”。随着员工在工作中能力的不断提升，态度、价值观、兴趣、性格在不断变化，周围的环境在不断变化，所以，人才素质也在不断变化，人才测评应当具有动态性。当员工素质提高而现状得不到改变时，跳槽的可能性将增加。所以，“一次测评终身有效”的做法存在风险。企业应当在工作过程中，根据需要对员工进行动态测评，了解员工的素质变化，因材施用，员工也可以据此确定自己的发展方向。

1.4 人才测评应用中的问题与发展趋势

1.4.1 人才测评应用中的问题

当前我国人才测评事业的发展态势很好，但在应用中也存在许多问题，突出表现在以下几个方面。

1. 人才测评技术的研究与创新严重滞后

现代人才测评在我国的应用源自心理测验，但是多年来，我们在心理测验的研究和自主开发方面做得不够深入，主要依赖对国外测验量表的修订，这导致目前我国人才测评机构中使用的大多数软件都只是简单的“舶来品”，几乎是从西方引进、修订的。然而，西方心理测验的文化背景未必完全适合中国人。因此，如何针对中国人特有的文化背景和心理特性，建立适合中国人的评价体系就显得至关重要了。

另外，对于包括面试在内的各种动态测评工具的创新也严重滞后，应付各种测评技术的培训力量非常强大，在这样的环境下，任何一种测评方法，如果不去创新都将面临失效的危险。以目前机关、企事业单位所广泛使用的结构化面试为例，广大被试者对这种测评手段已经非常熟悉，针对各类问题有很好的应答措施，如果不对结构化面试方法进行研究和创新，那么这种方法可能测量的不再是被试者的工作胜任力，而是“应试能力”，这是很危险的。

2. 人才评价服务水平低下

许多用人单位对测评技术重视不够，舍不得在人才招聘或测评技术方面的人力物力投入，随意委托没有资质和信誉的中介机构或个人从事人才测评工作，人才评价服务水平低下。就当前盛行的招聘考试来说，严峻的就业形势往往导致几十人，甚至几百人应聘一个职位，而一些单位对招聘考试的公平公正性缺乏认识，导致考试服务中错误不断。就最近的大规模招聘考试来说，有人随便从网上下载整套试题作为招聘笔试的试卷，导致数千人重考的考试事故；有的招聘考试中在几十分的主观题上附有答案，还解释说“由于疏忽忘了删除答案”，社会影响非常不好；还有的考试一张试卷上居然有 10 道重复题目……这些极其低级的错误让人感到非常痛心，它严重影响了人才测评工作的严肃性和客观公正性，影响了广大考生的切身利益。

3. 专业人才相对匮乏

人才测评涉及对人员素质的测量和评价，这对从事此项工作的人员有很高的责任意识和专业水平要求。在美国，必须由专业人士执行人才测评的操作，并对结果给予建设性的说明和解释。这种专业人员，在发达国家必须是博士，经过专业考核获得专业资格认证，还必须经过反复培训。而我国的现实情况是，专业人员相对于社会需求来说比较匮乏，于是一些对测评了解不多的人，去充当专家主持测评项目。长此以往，势必会损坏人才测评的声誉，阻碍人才测评事业的发展。其实，人才测评工作对从业人员的要求是很高的，人才测评工作者不仅要有较高的专业素养，而且要有高度的责任心、严谨细致的工作作风，甚至还要有吃苦耐劳的精神品质。当前，我们急需加强人才测评队伍的选拔和培养工作，扩充专业工作者数量，提高质量。

4. 人才测评服务行业秩序混乱

打开搜索网站，可以见到各种人才测评机构提供测评服务的广告，人才测评软件是支撑它们发展的重要支柱，但这些测评软件往往不是自主开发的。“营利”是许多市场化人才测评机构成立的根本目的。这种商业化运作的弊端是显而易见的。首先，会误人子弟。有的测评机构以节约为本，加上从业人员缺乏专业知识，引进了一些粗制滥造的测评软件，这些软件没有中国常模，问卷编制也很随意，被试者很容易被误导；其次，影响了行业整体声誉。在招聘会上，只需一台计算机，花几十元钱就能做一个测试，当场打印测验结果，告诉被试者适合什么工作，不适合什么工作。很多商家在利益驱动下对被试者很不负责任，自己不懂测评也敢对被试者指手画脚，这样势必严重破坏人才测评行业的良性发展。当前，急需有行业协会来规范人才测评服务的市场行为。

5. 相关法律法规缺位

有专家指出，导致人才测评发展受阻的根本原因是有关人才测评的法律法规不健全，管理跟不上。的确，在人才测评领域，至今尚无“行业标准”。一方面，任何一种测量工具，无须批准即可投入使用，其效果如何，却无人过问；另一方面，测量工具的优劣难以判断，导致在人才测评市场中，未经科学论证和测试，没有通过严格评审和认定的测评工具鱼目混珠。这样就造成测评结果失真，从而加深人们对测评的误解。因此，制定相关的法律法规，对人才测评市场进行有效的监督和管理成为当务之急。

首先，建立从业人员资格认证制度。从业人员的素质在一定程度上影响着该行业的发展，因此，规范人才测评市场，必须对从业人员进行资格认证。通过资格认证，按照国际惯例，参照国际标准，结合中国实际，一方面加强对从业人员的培训，提高现有从业人员的素质，另一方面吸纳更多优秀的符合认证资格的人员加入测评行业。

其次，完善中介机构管理。目前从事人才测评的机构还是以一些测评服务中介为主，因此，完善中介机构管理乃当务之急。其一，应该建立人才测评机构注册、审批制度，培育和发展人才测评市场。其二，对测评结果准确率低、弄虚作假，甚至违法乱纪的人才测评机构，要严加查处，情况严重的，取消经营资格，直至追究刑事责任。其三，对被试者的测评结果应予保密，保护被试者权益。

最后，加强技术专利保护。由于目前尚缺乏法规约束，各种盗版测评软件在市面盛行。因此，必须制定有关人才测评技术、专利保护的法规，保护知识产权，保障人才测评技术的发展。

1.4.2 人才测评的发展趋势

当前，人力测评的发展趋势呈现以下几个特点。

1. 测评移动化

随着智能移动设备的普及，移动互联网时代已经到来。传统的人才测评行业当然也会受到它的影响。在移动互联网大潮中，对移动测评应用或服务的需求不断增强。

在人力资源顾问看来，为应聘者提供方便快捷的申请、应聘过程无疑是吸引年轻应聘者的重要手段。移动设备的灵活性与便利性也使得被试者几乎可以随时随地完成测评过程，比起传统的纸笔测试，甚至有监督的上机测试，组织测验的成本被大大降低了。

2. 测评本土化

任何一个人才测评软件在中国的运用，都必须建立整套适合中国人的“常模”和“样本”，这些不是从西方理论中照搬就能够做到的。可喜的是，在中国，一些本土化的人才测评工具正在兴起。比如，专注人力资源咨询和人才测评研究的倍智人才以个人能力和潜力作为底层逻辑，研发出新的中国化的人才测评工具。据介绍，“倍智人才”从个人先天潜能（如性格、驱动力和学习力等）和后天能力（如知识、技能、行为表现等）两方面对人才进行综合评定，并根据国人特有的生活背景来进行解释，最终与岗位进行匹配筛选，得出个人的胜任力。

3. 测评个性化

随着测评外包服务的实施，仅有测评软件是不够的，测评服务的概念越来越得到认同。购买测评服务的企业提出了更多的个性化需求，如素质模型的个性化定制、测评工具的个性化开发、测评实施的个性化设计、测评结果应用的个性化辅导等，这些都会被越来越多的企业提出来，而且标准会越来越高。

测评系统不能千篇一律，要根据企业的实际情况决定测什么、用什么测。在招聘新人时，不仅要考查应聘者的岗位匹配度，还要考查团队的匹配度，这一点是人才测评过程中容易忽略的问题。很多企业在招聘或者提拔员工时会考核其是否具有合作精神，但是没有考虑其与现有团队成员的匹配度。根据贝尔宾的团队角色理论，完美团队中的 9 种角色缺一不可，新吸纳进来的团队成员一定要角色补缺，所以，即使是招聘同一岗位，不同的企业需要的团队成员的角色风格不同，对其测评的偏重点也会有所区别。

第 2 章 人才测评原理

本章思维导图

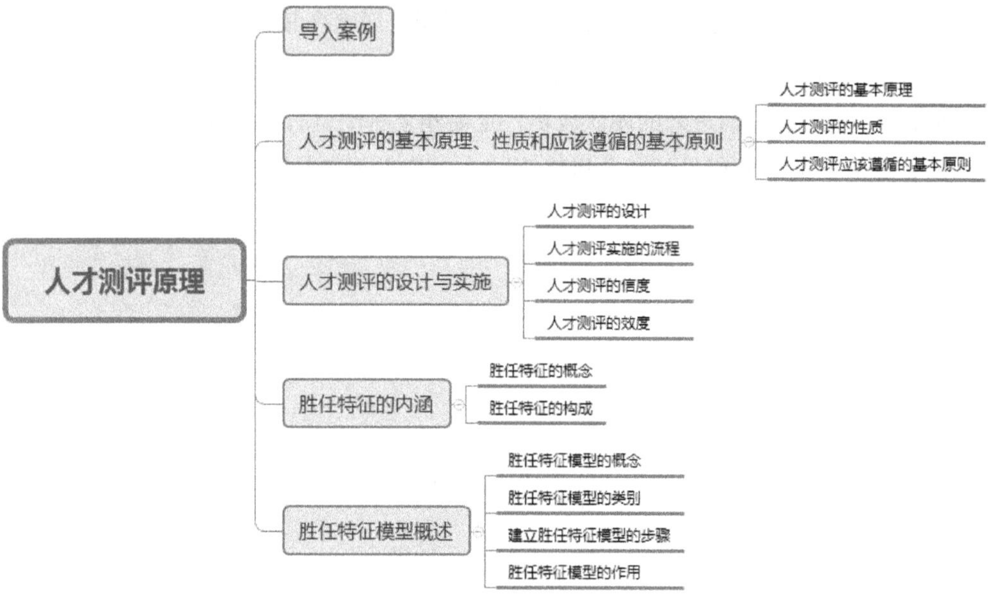

本章关键词

人才测评；实施流程、信度、效度；胜任特征、胜任特征模型。

学习目标

- 了解：人才测评的基本原理。
- 熟悉：人才测评实施的流程、信度和效度。
- 掌握：胜任特征和胜任特征模型。

导入案例

大家都在谈的离职，到底暴露了企业的什么问题

（1）核心员工的离职对企业会产生很大影响。一个员工离职后留下的“坑”，并不是再找一个人填上就万事大吉了。一般来说，核心人才的流失，至少有 1 个月至 2 个月的招聘期、3 个月的适应期、6 个月的融入期；此外，还有相当于 4 个月工资的招聘费用、超过 40%的失败率。《财富》发现，员工离职后，从找新人到新人顺利上手，光是替换成本就高达离职员工年薪的 150%，如果离开的是管理人员，则代价更高。据权威机构估算，1 个员工离职会引起大约 3 个员工产生离职的想法。照此计算的话，如果员工离职率为 10%，则有 30%的员工正在找工作；如果员工离职率为 20%，则有 60%的员工正在找工作。

（2）员工离职的原因。引用马云曾经说过的话：“员工离职的原因是钱没给够，或心委屈了。”一般来说，离职并不是员工对公司不满的开始阶段，而是激化阶段。员工离职前，首先有厌倦情绪，其次是不快乐、不满意、抱怨，最后是抱怨加重、忍无可忍。这是经过长期的心理斗争才做出的理性判断，而不是一时的决定，他们要权衡利弊、考虑得失、考虑生活需要等各个方面。当真正要走时，就算做离职面谈也不太可能成功挽留。当然，上述心路历程对于近两年来进入职场的 90 后、95 后并不适用，他们决定离职的原因和离职的速度都令人觉得“魔幻”。他们更加自我、更加有个性、更加崇尚自由，离职对他们的影响并没有那么大，因此做出离职这个决定也不那么纠结。关于离职的原因，可以参考北森 2017 年发布的敬业度相关的数据，敬业度可以简单理解为员工的工作态度，即员工如何看待自己的工作、企业的管理者，以及自己对企业的价值。敬业度的三个重要指标分别是留任、努力、挑战，其中，留任这个指标和员工离职是直接相关的，那么影响敬业度的因素又有哪些呢？北森在 2017 年发布的敬业度报告中分析了影响敬业度的因素，如图 2-1 所示。

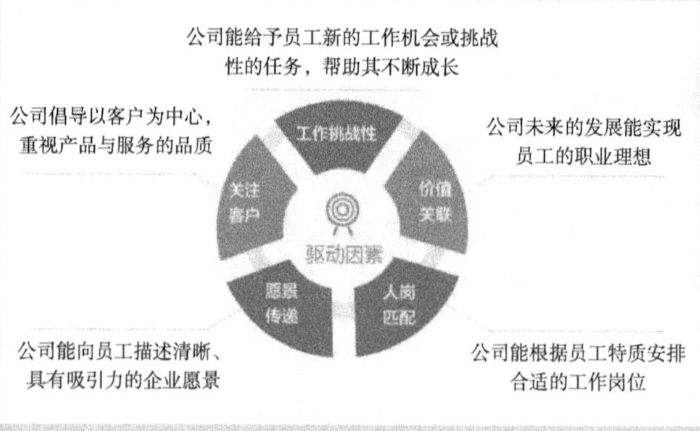

图 2-1　影响敬业度的因素

图 2-1 中影响敬业度的因素，即工作挑战性、价值关联、人岗匹配、愿景传递、关注客户，不仅影响员工的留任意愿，还影响员工的工作表现。由此可见，企业想要留下员工，不仅要关注员工的薪酬、发展，还要关注以上几点，不仅要让员工留下，还要让员工留下来之后能有更好的工作表现。

对于离职员工，部分企业的做法是好聚好散，相忘于江湖，但离职员工本身蕴含了巨大的价值，如果能进行很好的管理，将会对企业的发展有重要作用。

（3）离职员工的 5 大价值。①管理价值。员工离职对公司来说是组织改进的一个机会。对人力资源顾问来说，更重要的是从组织层面寻找员工离职的原因，有针对性地采取解决措施，预防核心员工流失。在良好的离职员工关系管理中，离职员工会详细说明其离职真实的原因，对企业管理诸多方面提出客观而中肯的建议。②品牌价值。离职员工在树立企业形象、宣扬企业理念及对外界评论采取的行动上，也能发挥积极作用。离职员工，尤其是核心员工，不仅是企业精神的传承者，也是企业文化的表现者。离职员工在新岗位上的出色表现会折射出原公司的企业文化之光。③信息价值。大部分离职员工具有丰富的知识素养和从业经验，往往会在行业内继续发展，能给公司传递宝贵的市场信息和技术信息，提供合作机会。④商机价值。良好的离职员工关系管理也能给企业创造无限商机。一位曾经从某国际商务咨询有限公司离职的员工，跳槽到某知名制药企业担任中国区的招聘主管，而该国际商务咨询有限公司提供该行业的人才招聘服务，双方皆知根知底，减少了大量介绍和建立信任的程序。因为有好的离职员工关系管理流程，公司与该员工的关系融洽，很快双方就达成了合作。⑤人才价值。离职员工是公司未来再招聘时合适的人选。同雇用新员工相比，企业再次雇用离职员工的成本仅为前者的一半左右；同时，在投入工作后的第一个季度，这些“吃回头草的老马”的生产率比“新人”高出 40%左右。

（4）我们应该如何进行离职员工关系管理。面对去意已决的员工，企业要在充分了解其价值的基础上，借鉴知名公司的做法，结合自身情况，对离职员工进行良好的关系管理。国内的阿里巴巴在感恩节举办的“阿里校友大会”，每次都有大量离职员工赶到现场参加；国外的麦肯锡会举办校友会；惠普会举办离职欢送会；摩托罗拉有一套科学完备的“回聘”制度。

我们应该如何进行离职员工关系管理呢？①建立规章制度，形成规范。离职员工关系管理不仅包括通常的员工出现离职征兆时的面谈挽留、离职手续办理、竞业协议签订、离职后的面谈、员工离开企业后的关系维护，还包括企业人才保留机制的建立、员工离职的预防、突发离职带来的危机管理等。②保持联系，进行个性化沟通。在进行离职员工关系管理的过程中，要注意双向的价值交换和个性化沟通。双向的价值交换是指公司如果期望离职员工在新环境中提供诸多最新信息，那么公司必须向离职员工提供具有足够价值的对等信息。个性化沟通是指要根据离职员工的特点和个性展开有效的一对一沟通，这样才能有效地获得信息。③不拘形式，鼓励回来。麦肯锡的资深专家马尔里克博士说：“新草看上去可能更绿，但事实往往并非如此。第一次使用新员工时，你也许没发现他们真正的价值，并做出相应的承诺，但在第二次，你就可以发现金矿。”跳槽的优秀员工重返公司，不仅聘用成本低，而且忠诚度较高。西方很多公司在对离职员工的再雇用上有制度上的倾斜。IBM 认为，从 IBM 离开的员工出去干上几年后会学到一些东西，如果他们愿意回 IBM，公司的门总是敞开的，他们会给公司带来新价值。

（资料来源：https://www.beisen.com/customer/#top-list-end）

2.1　人才测评的基本原理、性质和应该遵循的基本原则

人才测评是对人的素质，特别是心理素质的定量描述和定性评价。我们不禁要问：“人才测评是否必要、是否可行、是否科学？”这就涉及人才测评得以存在和发展的基本原理，这些基本原理解释了人才测评的必要性、可行性和科学性，指明了人才测评的方向，奠定了人才测评合理存在和发展的基础。

2.1.1　人才测评的基本原理

1. 个体差异性原理

个体差异性是指人与人之间在素质上存在差别的客观性质。个体之间的差异性是人才测评存在的前提条件。如果人与人之间没有差异，人才测评就没有必要。世界上没有两个完全相同的人，人与人之间由于先天遗传因素及后天生长环境（社会文化背景、家

庭环境、工作环境、受教育程度等）不同，形成的个体素质千差万别。因此，个体素质的差异是客观存在的。个体差异性主要表现在个体心理差异、个体生理差异和个体文化差异 3 个方面。在人才测评中，个体心理差异是关注的核心。

（1）个体心理差异。

1）个性心理特征差异。

个性心理特征差异表现之一是个体的能力差异。人与人之间的能力差异是显而易见的，主要表现在能力的类型、水平和发展早晚 3 个方面：①能力类型的差异。能力类型的差异，一方面表现在一般能力性向差异。比如，有人长于形象思维，有人善用抽象思维；有人擅长综合概括，有人喜欢细节分析。另一方面表现为特殊能力不同和能力组合不同。例如，有人音乐能力强，有人绘画能力强；销售能力同样强的两个员工，一个可能主要靠出色的人际沟通能力，另一个可能主要靠市场调查分析能力和正确进行销售决策的能力。②能力水平差异。能力水平差异在智力上表现最为明显。心理学将智力水平由低到高分为许多等级，如智力缺陷、临界状态、中下、中等、中上、优秀、非常优秀 7 等。③能力发展早晚的差异。人与人之间在能力发展早晚上各不相同，有的人少年早慧，有的人大器晚成。总的来看，大部分人在中青年时期表现出能力的最高水平。

个性心理特征差异表现之二是个体的气质差异。多血质、胆汁质、黏液质、抑郁质这 4 种气质类型在感受性、耐受性、敏捷性、可塑性、兴奋性和内外倾性方面存在明显差别，不同气质类型的人适合从事的工作也有差异：多血质的人灵活、适应性强，适合做需要反应迅速而敏捷的、内容多样化的工作；胆汁质的人热情、精力旺盛、反应快，适合从事革新、公关和突击性的工作；黏液质的人稳重、细心，适合从事有条理性、需要细心和持久性的工作；抑郁质的人敏感、动作迟钝，适合从事上下连续性不强、独自能进行的、对于速度要求不高的工作。

个性心理特征差异表现之三是个体的性格差异。人的性格差异主要表现在其认知、情绪、意志和态度特征上。有的人认识事物主动、深刻、精确，有的人认识事物被动、肤浅、粗略；有的人积极乐观，有的人消极悲观；有的人自制、勇敢、严肃认真、坚韧不拔，有的人缺乏自制、胆怯退缩、马虎草率、虎头蛇尾；有的人热情诚恳、勤劳善良，有的人虚伪狡诈、冷酷无情。总之，性格差异在人的身上表现得淋漓尽致。

2）个性倾向性差异。

个性倾向性是推动人进行活动的动力系统，是个性结构中最活跃的因素，包括需要、动机、兴趣、态度、理想、信念、价值观等。

（2）个体生理差异。

① 性别差异。男女两性之间的差异是客观存在的。一般情况下，在能力特征上，

男性在空间知觉、分析综合、实验观察和推理方面优于女性；女性在语言表达、短时记忆方面优于男性。在性格特征上，男性敢于冒险、进取心强、好争斗；女性比较柔和、富于同情心、更具有审美观念。

② 年龄差异。年龄的变化引起了人在各个方面的差异。一般来说，年轻人体力、知觉、记忆力很好，进取心强，职业感受性高，接受新知识、新技术快，但是判断能力差、情绪不稳定、缺乏经验；老年人判断能力强、经验丰富、老练、情绪稳定，但记忆力衰退，体质下降，接受新技术、新知识欲望不强；处在这两个年龄段之间的中年人，是智力最佳时期。中年人体质好，既有年轻人思维敏捷、敢于突破、有热情、奋发向上的特点，又有老年人经验丰富、情绪稳定、富于判断力的长处，这个阶段被称为最佳年龄区。

（3）个体文化差异。

① 地域差异。地域差异是指由于人们生活的地理环境不同，形成个体之间在性格、智能等各个方面的差异。在日常观察中，一般认为农村人诚恳、朴实、好管理；城市人反应快、头脑灵活、善于交际、掌握新技术快；草原人豁达开朗、好客；山区人韧性强、能吃苦；东北人豪爽；江南人细腻。人们的观察不是没有道理的。人们长期生活在一定的地理环境中，环境的刺激必然引起人们行为的反应，多次刺激的结果造就了人们与环境相适应的特点。另外，人们长期生活在一定的地理环境中，环境必然与之进行情感上的交流。大自然对人的刺激必然引起人内心情感上的体验，久而久之，大自然的特征也会融入人的性格中，显然自然环境与人性格的形成是有关系的。地域差异是影响人事决策的重要因素之一。一些企业在不同地域经营，在录用中可能尽量考虑当地人，这些人由于地域因素的影响产生的心理素质差异必然影响工作效率和组织效能。

② 职业差异。职业差异是指由于职务、专业、工种、工作性质不同而形成的人在能力和性格方面的差异。大量研究发现，人的职业能力差异与工作性质相关。一般情况下，专业技术人员和文化工作者的智力测验成绩较高。不同职业的个体的性格差异也是明显的，由于不同职业团体在社会中所处的地位不同，他们为人处世的态度也有区别。例如，从事精密仪器制造的人，对工作一丝不苟，性格稳定。从事建筑工作的工人和从事重体力劳动的搬运工人性格开朗、不拘小节、粗犷豪爽。从事秘书工作的人谨慎、认真、一丝不苟。职业对人性格的影响，是职业的行为规范、工作准则长期作用于人的结果，这种影响能逐渐形成习惯化了的行为方式和稳定的心理特征，成为人格的一部分，并作用于人的社会实践活动。因此，在人才测评中考虑一个人的职业背景无疑是重要的。

③ 民族文化差异。不同国家、民族有不同的生活习惯和行为方式，它对人影响深远，由此形成了人与人之间的差异。例如，美国人创造性强，但有较强的雇佣性。德国

人思辨能力强，但比较固执。民族文化不同，造成的差异是十分明显的。在经济全球化的背景下开展人才测评，考虑人员的民族文化背景，无疑对跨国公司的全球化发展具有重要意义。

2. 素质稳定性原理

素质稳定性原理即个体素质相对稳定不变的性质。个体素质稳定性是人才测评的前提条件，只有相对稳定的素质才能实施有效的人才测评。素质稳定性为人才测评奠定了可行性基础。素质稳定性表现在以下几个方面。

（1）素质稳定性显示于最稳定的生理品质，如灵巧的双手、精致的发音器官、能产生人类智能的大脑。这些人体的解剖生理特点均通过遗传而获得，具有相对的稳定性。

（2）素质稳定性显示于较稳定的个性品质，主要包括能力、气质、性格和个性倾向性，这些个性品质在遗传和环境等复杂因素的相互作用下一旦形成，就具有相对的稳定性，特别是处于个性倾向性最高层次的价值观，一旦形成，就会支配和调节人的活动。“江山易改，禀性难移”就是这个道理。

（3）素质稳定性显示于稳定的社会历史品质，如人的阶级性、民族性、地域性、宗教性等。素质稳定性不是绝对的稳定，而是相对的稳定，它是稳定性和可塑性的统一。

3. 心理可测性原理

人才测评的主要对象是人的心理素质，心理的东西是看不见、摸不着的，是否能测量？回答是肯定的。下面就从两方面来论证心理可测性原理。

（1）测评对象的属性。

探讨测评对象的属性，即考查对象是否满足能被测量的条件。人才测评的主要对象是人的心理素质（特质），这里我们就讨论心理素质的属性。

首先，心理素质是客观存在的。我们知道，心理是人脑对客观现实的主观反映，虽然具有主观性，但它与客观存在的物质不是对立的，它由客观物质所决定是脑的机能。无论是能力、气质、性格，还是价值观都是遗传和环境相互作用的结果，都打上了客观世界的烙印。桑戴克说：“凡是客观存在的事物都有数量。”美国心理学家麦柯尔说：“凡是有数量的东西都可以测量。”其次，心理素质具有相对稳定性。最后，心理素质虽然有隐蔽性，但是会以一定的方式表现出来。行为方式、工作绩效与行为结果都是表现一个人心理素质的主要载体和途径。个体的内在素质与外在行为方式、工作绩效与行为结果构成一个耗散结构系统，内外具有统一性。特定个体的特定素质，会以特定的形式表现出来，而且，特定的表现形式反映特定个体的特定素质，正因为人的素质除了具有隐蔽性还有表现性，使得我们可以根据 $B=f(Q,E)$（B 为行为，f 为表征方式和机制，Q

为素质，E 为环境）模式实现对人才素质进行间接测评。另外，根据 STAR 原理，即考查人员在一定的情景（Situation）下，为了完成特定的目标（Target），采取某种行动（Action），达到某种结果（Result）的行为学原理也可以实现对人才素质的有效测评。

（2）测评理论的科学性。

前面论述了人才测评对象的客观性、表现性，初步了解人的心理素质是可以客观间接地测量的。但通过行为或行为结果推论内在心理素质的做法是否科学、有效，如何对心理素质实现量化描述？这就涉及人才测评的两大支柱学科——统计学和心理测量理论。

测评理论的科学性是基于统计规律之上的。统计学是研究统计原理和方法的科学。具体地说，它研究如何收集、整理、分析反映事物总体信息的数字资料，并以此为依据，对总体特征进行推断。利用统计学的方法可以实现对心理素质的量化描述。通过统计数据可以了解人员素质的基本状况，得到关于人员素质结构及发展水平的基本信息。使用人才测评手段对人的素质进行测评是一叶知秋的做法，因为我们不能测量人员的所有行为，只能抽取一定的行为样本。从统计学意义上讲，通过有代表性的行为样本可以对行为的整体做出推论。美国心理测量学家安妮·安娜斯塔西认为："心理测验实质上是对行为样本的客观和标准化的测量。"显然，由行为样本推论心理素质的做法有其科学的统计依据。人们在长期的社会实践中总结了许多有效的知人识人原则，其有效性就在于客观的统计资料。

测评理论的科学性离不开心理测量理论。传统人才测评很大程度上是对对象的经验性评价，不能估计测量误差，有效性难以保障。与之相比，科学人才测评建立在心理测量理论的基础上，基于一定的测量理论，可以编制出有效的测量工具，这些工具具有一定的可靠性（信度）、有效性（效度）、项目特征（难度、区分度），用于比较、解释的参照标准（常模），能对测量对象进行有效的量化描述。目前，已发展出 3 种心理测量理论：真分数理论、项目反应理论、概化理论。这 3 种心理测量理论从各自不同的角度提出了对误差的看法。总之，成熟的测量理论为人才测评的有效性、科学性提供了保障。

4. 匹配原理

匹配原理是人才测评的管理学基础。它为人才测评指明了方向——把合适的人放在合适的位置上，事适其人，人尽其才，才尽其用，人职匹配。该原理同时还说明了人才测评的必要性。它包括两方面的内容：人职匹配和个人—组织匹配。

（1）人职匹配。

现代社会是由许多不同层次、不同部门的岗位网络所组成的，由于每个岗位的工作性质、工作内容、技术难度和责任不同，所以对任职者的素质要求也不相同。如何合理配置新人是充分利用人力资源的重要内容。只有科学地设置岗位与优化人员配置，才会产生最大的岗位价值和人力资源效益。由此，人员与岗位的匹配问题成为现代人事管理的重大研究主题。要做到人职匹配，就需要对人员和岗位有客观的认识与评价。为了了解人员，就产生了心理测验、面试、评价中心等人才测评手段；为了了解岗位，就有了工作分析、工作描述等岗位分析和评价技术。人力资源管理中的人职匹配包括：能力与职业的匹配；价值观、兴趣与职业的匹配；气质、性格与职业的匹配。

1）能力与职业的匹配。

能力是职业适应性的首要和基本的制约因素。从静态角度看人职匹配，主要注重的是能力的类型差异和水平差异与职业活动的关系。表现在能力类型要与职业相匹配；能力水平要与职业层次一致或基本一致；发挥优势能力的作用。这类似于螺母螺栓相配套的原理：人们以螺母配螺栓，或以螺栓配螺母，以求匹配适宜，以大套小松垮垮，以小套大紧绷绷，无论哪一种效果都不好。人事管理中要使个体的能力和职业达到最优配置，必须对个体的能力倾向、智力水平及其特殊能力进行测评，并对个体的成就进行预测。

2）价值观、兴趣与职业的匹配。

能力是工作成功的最重要的因素，但并不能成为人职匹配的唯一基础。许多研究已经指出单独使用能力并不能解释、预测职业的成败，个人的个性倾向性因素对个体的职业适应性有重要的影响：①价值观与职业的匹配。价值观表现为取向（社会取向和个人取向）和类型（经济价值观、理论价值观、审美价值观、社会价值观、政治价值观、宗教价值观）的差异性。在个体的职业生涯过程中，个体的价值观是决定个体职业满意度的主要因素之一，同时，也在一定程度上影响着个体职业活动过程中的行为和态度。所以，注重个体的价值观与职业的匹配是职业生涯设计和管理中应考虑的一个因素。②兴趣与职业的匹配。“兴趣是最好的老师”，对感兴趣的工作，就有钻劲儿，有钻劲儿就可能出成果。在人力资源管理中若能将个人的兴趣与所从事的工作结合起来，将发挥人力资源的最大效用。

3）气质、性格与职业的匹配。

由于每种职业对从业者的气质、性格都有特定的要求，因此在挑选工作人员时也应重视有关人格特征的考核，尤其对一些高层次工作更该如此。一般来说，外向型的人比较适合能充分发挥自己行动能力积极性并与外界有着广泛接触的职业，如管理人员、律师、政治家、推销员、记者、教师等。内向型的人比较适合从事有计划的、稳定的、不需要与人过多交往的职业，如科学家、技术人员、会计师、打字员、一般办公室职员等。

在个体的职业生涯设计和管理中要考虑人的某些人格特点，以进一步提高职业的适应性。

（2）个人—组织匹配。

一个组织有它独特的组织文化、组织氛围、价值取向，这些因素影响组织的稳定性和战斗力。如果组织中的每个成员都能认同组织文化，具有组织所要求的价值取向、人格特征等，则组织中的成员就能做到劲儿往一处使，责任心、主人翁意识强。这样的组织势必员工离职率低，组织稳定，富有竞争力。因此，作为一个组织，不仅应该把恰当的人放到合适的位置上，还应该选择那些与组织特征吻合的个体，做到个人—组织匹配，这是人才测评遵循的重要原理之一。相反，我们可以做这样一个设想：假如我们选到了一个很优秀的人才，他在本职工作上表现相当出色，但是他对所在组织的文化氛围不适应，对组织的发展目标和价值取向不太认同，尽管他能做好自己的本职工作，但是他觉得在这样一个组织工作下去没有希望，于是不久就跳槽了，在短期内他为公司创造的价值与选拔和培训他所用的成本相抵后为负值，这样公司就"吃亏"了。很明显，对他进行测评的时候，测评人员遵循了人职匹配的原理，并且测评是有效的，但是仅有人职匹配是不够的。我们既要选到能办事的人，又要选到那些与组织有相同目标、认同组织价值理念的人，这样的人才能安心工作，组织才能放心在他身上进行相应的投资，从而降低组织用人的风险。要保证组织的稳定性和战斗力，个人与组织的良好匹配是关键，其重要性甚至超过了个人与工作的匹配。因此，人才测评必须遵循个人—组织匹配这一原理。实际上，大多数组织在挑选人员的过程中已经将个人同组织是否匹配的问题考虑在内了。结构化面试是评估求职者和组织是否匹配的最有效方式之一。个人—组织匹配原理给人才测评的启示在于：不仅要对求职者进行测评，还要对组织特征进行测评。

2.1.2 人才测评的性质

人才测评和其他科学测量活动一样都具有客观性。但是人才测评是一种特殊复杂的社会认知活动，其主体包括测评人员和被试者，他们都是现实生活中的人，这就决定了人才测评不同于其他形式的测量活动。

1. 人才测评是心理测量而不是物理测量

人才测评的这一特点是就人才测评的内容指向而言的。一般来讲，人才测评主要是对个体心理现象的测量，包括能力、性格、气质、兴趣、价值观等。身高、体重有时也列入测量范畴，但不是主要方面。人才测评主要是心理测量，这是由心理素质在个体发展与事业成功过程中的关键性作用所决定的。美国心理学家特尔曼曾对 800 名男性成人进行测评，发现其中成就最大的 20%与成就最小的 20%两组人之间，最明显的差异是他们在心理素质上的差异。成就最大组的人，在进取心、意志力和毅力方面，明显高于成就最小组的人。这说明，人才测评的重点是心理测量。物理测量是对看得见、摸得着、说得清的有形实体的测量，其测量结果是以物理的度量单位计算的。相反，心理测量测评的对象具有内在性、隐蔽性和无形性等特点。相对于物理测量，心理测量就复杂困难得多。

2. 人才测评是抽样测量而不是具体测量

人才测评的这一特点是从统计学意义上而言的。人才测评的对象是人才的素质及工作绩效，但素质及工作绩效不是在某一孤立的时空内抽象存在着的，而是表现或弥漫于个体活动的全部时空中。从理论上讲，当实施人才测评时，涉猎的范围越广，收集的相关信息越充分、越全面，测评结果就越有效、越具体客观。但在实际操作中，上述理想状态不可能存在，也不可能做到。任何一项测评的主持者，在有限时间内不可能掌握被试者素质的全部表征信息，只能本着“部分能够反映总体”的原理，对测评要素进行抽样，保证样本具有足够的代表性，从样本的测量结果来推断全部待测评内容的特征。那种企图对测评内容一应俱全，即全面进行测评的想法在实践中是行不通的，也没有必要。所以，人才测评是抽样测量。

3. 人才测评是相对测量而不是绝对测量

任何测评，从测评人员的主观愿望来讲，都力求尽量客观地反映被试者素质的实际状况。但是，即便是相当严格的个人履历表、工作申请表、心理量表、面试、评价中心、绩效考核等测评方法都会存在误差，这是由测评的主观性决定的，毕竟人才测评是人对人的测评。一方面，测评方案的设计及测评活动的实施是凭借测评人员的个人经验进行的，不同的测评人员对测评目标的理解、测评工具的使用及测评分数的解释，都难免带有个人色彩，不可能完全一致；另一方面，作为被试者，其素质是抽象模糊的，其构成是极其复杂的，测评工具有一定的局限性，诚如苏东坡所言：“人之难知也，江海不足以喻其深，山谷不足以配其险，浮云不足以比其变。”由此可见，人才测评既有精确的一面，又有模糊的一面。在人才测评实践中，应强调测评的精确性、科学化，但人才测评具有复杂性，在测评技术尚不十分发达的情况下片面追求精确性，反而违背人才自身特有的规律。德国物理学家沃纳·卡尔·海森堡在 1927 年提出了物理学中的测不准原理，在人才测评活动中也存在测不准的情况，即人才测评也处于一定的测不准的状态，有测不准的一面。测准是相对的，测不准是绝对的。随着人类认识自身能力的提高及测评技术的发展，人才测评将逐步摆脱测不准的状况，逼近测准的状态，这个过程是十分漫长的。因此，从这个意义上讲，人才测评的结果只有相对意义，没有绝对意义。

4. 人才测评是间接测量而不是直接测量

人才测评的这一特点是由个体素质的性质决定的。人的素质是个体实施社会行为的基本条件和潜在能力。素质的突出特点之一是具有抽象性和隐蔽性，素质是隐蔽在个体身上的客观存在，是一种内在抽象的东西，看不见、摸不着，甚至说不清。但素质并不神秘，它有一定的表现性，可以通过人的行为表现出来。素质和行为之间存在一系列中介物，我们不能对素质本身进行直接测量，但可以通过显现的行为特征进行间接的推断。由此可见，人才测评是间接测量而不是直接测量。

2.1.3　人才测评应该遵循的基本原则

人才测评应该遵循的基本原则，是由人才测评的性质决定的，是对人才测评中带有普遍意义的客观规律的认识，也是指导人才测评的理论依据。在整个人才测评的过程中，必须遵循这些重要的基本原则。

1. 客观测评与主观测评相结合

客观测评与主观测评相结合，是指在人才测评过程中，既要尽量采取客观测评的手段，又不能忽视主观测评的作用。既要强调客观性，又不能完全追求客观性，要最大限度地发挥测评工具客观性与测评主体主观能动性的作用，使彼此优势互补，而不要相互对立。人才测评方法的研究与使用过程，实际上是不断追求客观化的过程。标准可操作化、方法定量化、手段自动化、实施统一化，是这种客观化的具体体现。但是人才测评不能完全客观化和绝对客观化。人是世界万物之主，具有主观能动性，测评不可能让机器主宰。计算机只能在人的指导下辅助与服务于测评人员的工作。这就是说，人才测评离不开人本身，因此也就无法摆脱人的主观影响。实际上，人才测评也少不了测评人员的主观能动性。复杂的行为素质，只有人本身才能理解和把握标准，任何计算机目前尚未具备这种功能，因此，人才测评过程必须是客观测评与主观测评相结合的过程。客观测评与主观测评相结合，应具体体现在测评目标体系制定、手段方法选择，以及结果评判的全过程中，是一个有机的结合过程而不是机械的相加过程。

2. 定性测评与定量测评相结合

定性测评是指采取经验判断的方法与观察的方法，侧重从行为的性质对素质进行测评。定量测评是指采取量化的方法，侧重从行为的数量特点对素质进行测评。任何事物都有质与量的形式，仅是定性测评，只反映了素质的性质特点；仅是定量测评，可能忽视素质的质量特征。此外，只从定性内容上测评人的素质是不深入的，往往是一种模糊的印象判断；而仅仅以定量形式去测评素质，往往是不完全的，是一种表面的与形式上的测评。

3．精确测评与模糊测评相结合

精确测评是指任何一种测评信息与任何一个评判，都力求准确可靠，不下无根据的结论，不用无依据的信息，精益求精。精确测评不一定就是定量测评，定性测评中也可以有精确测评。模糊测评是指测评信息的收集与素质评判并不要求那么准确，大概具备某种素质就可以做出印象判断。因此，模糊测评是一种大概测评、印象测评，而不一定是模糊数学测评。在人才测评中，应该是在模糊中求精确，在精确中存在模糊。精确测评与模糊测评相结合，也应体现在标准制定、方法寻求、信息分析、结果判断与解释的全过程中。

4．静态测评与动态测评相结合

静态测评，即对被试者已形成的素质水平的分析评判，是相对统一的测评方式在特定的时空下进行测评，不考虑素质前后的变化性。静态测评的优点是便于横向比较，可以看清被试者之间的相互差异，以及是否达到了某种标准，但忽视了被试者原有的基础与今后的发展趋向。动态测评则是从素质形成与发展的过程而不是结果进行测评，是从前后的变化情况而不是当前所达到的标准进行测评。这种动态测评有利于了解被试者素质的实际水平，有利于引导、激发被试者的进取精神。但缺点是，不同的被试者的测评结果，不便于相互比较。静态测评与动态测评相结合还表现在方法上。心理测验一般是静态的，而评价中心、面试具有动态性，我们要两方面结合，让被试者在各种活动中充分表现出自己的才能，让被试者在与测评人员的交谈中展示自己的优良素质。因此，在人才测评中，既要看目前所达到的水平标准，又要考虑过去的基础与将来发展的潜能；既要采取问卷、考试等统一的静态形式，又要采取评价中心、面试等动态的方法。

5．素质测评与绩效考评相结合

素质测评是对一个人稳定的内在素质的测评，而绩效考评是一种业绩实效的考查评定，素质与绩效互为表里。素质是取得绩效的条件保证，而绩效是素质高低的事实证明。因此，应该从素质测评中预测绩效，从绩效考评中验证素质。与之雷同的有素质测评与行为测评的结合。

6. 分析测评与综合测评相结合

所谓分析测评，即把素质分解为若干单个项目分别独立地进行测评，然后汇总；所谓综合测评，则是对综合素质的各个方面进行整体、系统的测评。素质是一种相当复杂的行为系统，对它进行必要的分解，逐项测评，有助于提高测验的准确性，但是素质被分解为若干单个要素之后，不少整体特征就可能因此损失，尽管最后综合相加，却反映不了“原貌”。因此，人才测评应该是分析测评与综合测评相结合。

7. 素质测评与指导开发相结合

素质测评本身不是目的，而是一种手段。如果只是对人的素质进行选择而不再进行针对性的指导开发，就像一个医生只给病人看病不给开药治疗一样。因此，素质测评应该与指导开发相结合，扬长避短、精心测评、指导培训、解决问题、合理开发。如果人力资源开发不以素质测评为基础，那么开发很容易盲目行事、事倍功半、得不偿失。

8. 描述性与预测性相结合

一般来说，人才测评主要是对被试者既往事实与既定素质的客观描述与衡量，反映被试者的过去以至当前的真实情况。但是，在人事决策尤其是人才选拔与任用中，测评的结果却是起着预测作用的。一方面，不能只看到测评的描述性结果，不敢推论；另一方面，不能过度推论。要将描述性与预测性结合起来，小心推论，积极求证，充分利用测评信息。

2.2 人才测评的设计与实施

人才测评主要是在人力资源管理活动中进行的，针对不同的内容、对象、问题和岗位有不同的人才测评体系，有利于提高人才测评的效度和信度，有助于为人力资源管理提供科学依据。

2.2.1 人才测评的设计

1. 不同内容的测评设计

人才测评的设计根据测评的不同内容，主要包括用于招聘的测评设计、用于晋升和考核的测评设计、用于人力资源开发的测评设计、用于激励的测评设计及用于职业选择的测评设计。

（1）用于招聘的测评设计。

人员招聘选拔的目的在于“择优淘劣”，将真正适合组织的人才甄选出来。招聘是具有选拔性质的测评，应该根据招聘的目的来设计测评工具。在招聘中主要测评以下3个方面。

① 考查应聘者的个性特征及职业兴趣。个性特征包括人的情绪、态度、气质、价值观和性格等方面，它对个人的心理特点和行为方式有很大的影响。所以，个性特征是对应聘者甄选过程中的一个考查点。职业兴趣会影响人们的职业选择和工作的稳定性，同时能够发挥个人的主动性和创造性，能够开发个人的潜力，使个人在职业活动中取得新成果。所以，在人员甄选过程中，检测应聘者的职业兴趣也是很有价值的工作。

② 诊断应聘者的能力特征。能力是顺利完成某一工作（活动）所必需的主观条件，它直接影响工作效率，能力总是和人完成一定的工作联系在一起的，离开了具体工作既不能表现人的能力，也不能发展人的能力。根据岗位要求录用人员，按照应聘者的能力特征将其配置到合适的岗位上，使得人职匹配，实现人才的合理配置。

③ 在情景模拟测试中考查应聘者的行为特征。在情景模拟状态下，针对有关的评价维度对应聘者表现出的行为给予评定，以考查应聘者与岗位需求、组织目标相关的行为。例如，对英语翻译人员的情景模拟任务是限时翻译，对销售人员的情景模拟任务是现场销售某种产品。

在招聘测评中有两种测量工具：一种是选拔性质的测量（择优策略）；另一种是淘汰性质的测量（淘汰策略）。其具体内容如表2-1所示。

表2-1 招聘测评中的测量工具

测量工具	内容	适用对象	测评设计注意事项
选拔性质的测量	尽可能全方位、多角度地了解应聘者的情况，依据岗位要求综合性地评估应聘者的优势水平、与岗位的匹配度，从中选择优势最强的应聘者	适用于职位较高、责任较大的人员，一般指管理人员	测评设计要全面、详尽，针对不同岗位考查的重点，精细化地设计各测评维度的权重
淘汰性质的测量	依据岗位要求规定岗位工作人员所必须具备的能力的极限水平，通过能力测验筛选不能达到要求的应聘者	适用于一般职员	在熟知岗位要求的前提下，要对考查的能力和筛选标准有明确的规定

在招聘测评中一般使用的测评工具包括 Y-G 性格测验、霍兰德职业适应性测验，以及与招聘岗位相适应的胜任力测验。

（2）用于晋升和考核的测评设计。

晋升是组织赋予人员一定的职责和权力，将个人的素质、能力与承担的责任进行优化配置，并给予个人相应的经济待遇和地位。

考核是为了对各级员工的工作情况进行鉴定，从而为确立新的工作目标提供依据。考核可以对员工的表现予以及时明确的反馈，有利于对员工的发展制订计划或提供建议，它作为绩效控制的手段，可以提升组织的竞争力。

晋升和考核的内容主要包括工作业绩、工作态度、工作能力和品行，通常采用目标管理法、关键事件法、工作标准法、能力倾向测验、评价中心和强制分布法等对员工的表现做出全面的评价。

（3）用于人力资源开发的测评设计。

各类组织都特别注重员工的职业发展规划和培训，它们对员工的素质和技能有特殊的要求。为保证组织战略目标的实现，使员工素质与组织的发展相衔接，组织在用人的同时也在不断地培养人才。另外，现今很多组织都有自己的人才储备系统和内部晋升机制，这有利于人才的合理利用，有助于实现组织的可持续发展。

用于人力资源开发的测评工具包括 SCL-90 测验、霍兰德职业适应性测验、职业技能测验、公文筐测验和性格测验等。

（4）用于激励的测评设计。

激励是指激发员工的工作动机，即用各种有效的方法调动员工的积极性和创造性，使员工努力完成工作任务、实现组织目标。员工激励性测评的目的在于了解员工的需要，为满足员工的需要而采取措施来激发他们的工作积极性。

用于激励的测评工具有需要测量、成就动机测量和工作内在动机测量。

（5）用于职业选择的测评设计。

职业选择是个人对于自己就业地域、行业及专业方向的挑选和确定，它是个人真正进入社会生活领域的重要行为，是人生的关键环节。

个人的气质、性格、能力等对择业有重要的影响。在职业选择测评中，首先，了解个体的智能倾向、个性特点及职业兴趣偏好；其次，根据这些特征确定适合个人发展的职业。

适用于职业选择的测评工具包括 Y-G 性格测验、霍兰德职业适应性测验等。

2. 不同对象的测评设计

人才测评的对象包括组织中不同的职务层次，按照职务层次可区分为 4 种类型，即一般职员、基层管理人员、中层管理人员和高层管理人员。

（1）适用于一般职员的测评设计。

一般职员通常是指组织中基层的生产、服务、业务工作人员，他们所从事的工作任务量大、内容单一。虽然一般职员负责组织相对底层、简单的工作，但作为组织正常运作的基础，他们的素质和工作水平对组织的绩效有直接的影响。

对于一般职员而言，其胜任特征主要为个性特征、与岗位相关的专业技能、一般能力和心理健康状况等。对于员工的专业技能测评可以通过简历筛选法和笔试法（技能考试）来完成。另外，还需要对员工的心理健康状况进行测评，针对异常情况，组织要有针对性地做辅导，或者进行其他安排。

适用于一般职员的测评工具有 Y-G 性格测验、SCL-90 测验、霍兰德职业适应性测验、投射测验及 16PF。

（2）适用于基层管理人员的测评设计。

基层管理人员一般是指在生产、销售、教学和科研一线，承担管理任务来保证各任务在基层全面落实的工作人员，如班主任、车间主任、领班和工头等。

适用于基层管理人员的测评工具有沟通能力测验、管理能力测验、16PF 及操作能力测验等。

（3）适用于中层管理人员的测评设计。

中层管理人员是组织中的执行层，他们是组织管理的中坚力量，是组织、领导、联系一般职员的纽带和桥梁，也是一般职员的直接管理者。中层管理人员的主要职责包括执行公司的决定，与上级、同级和下级沟通，对本部门事务进行管理，参与员工的职业生涯管理。

中层管理人员应具备的品质是多样的，要有健康的身体，又要有较高的智力水平，要对组织忠诚，有创新意识，还要掌握相关的专业知识和技能。所以，对中层管理人员进行测评时要针对 4 个方面进行，包括能力、个性特征、动力适应性和知识经验。

适用于中层管理人员的测评工具有沟通能力测验、管理能力测验、霍兰德职业适应性测验、16PF 及 DISC 个性测验等。

（4）适用于高层管理人员的测评设计。

高层管理人员位于组织的最高层，需要对整个组织负责，他们负责确定组织目标、制定组织战略、监督和解释外部环境状况、针对影响整个组织的问题进行决策。高层管理人员的胜任特征主要有工商管理能力、变革与决策意识和能力、创造性思维、较高的成就动机、坚韧的毅力及沟通能力等。

高层管理人员需具备较高级的复杂能力，可以采用以下测评工具对其进行考查，包括情景模拟测试、DISC 个性测验、经营决策能力测验和领导能力测验等。

3．不同问题的测评设计

针对了解或解决不同问题而设计的测评可以分为测验法测评设计和行为观查类测评设计两种。

（1）测验法测评设计。

测验法测评设计是通过观察或调查被试者具有代表性的行为，对于贯穿在行为活动中的心理特征依据一定的原则和统计方法进行分析的测评方法，这种方法又叫作纸笔测验法，一般要事先编制量表或成套的测验题目。

量表是一种测量工具，它试图确定主观的、有时是抽象概念的定量化测量的程序，对事物的特性变量可以用不同的规则分配数字，因此形成了不同测量水平的测量量表，又称为测量尺度。为了解被试者的专业知识水平可以进行技术性笔试，为考查被试者的外语阅读和写作能力、综合分析能力、数理分析能力可以进行非技术性笔试。

（2）行为观察类测评设计。

为测验被试者在特定情景下的实际操作能力、专业技能运用能力、运作能力、团队协作能力和观察能力等可以进行行为观察类测评设计，可以采用以下测评工具对被试者进行考查，包括情景模拟测试和评价中心等。

4．不同岗位的测评设计

各岗位的任职技能、业务性质、工作难度和工作条件是不同的，各岗位对组织的贡献也不相同，因此针对不同岗位的人才测评也就不同。企业部门设置大致可分为销售部、财务部、研发部、售后服务部、行政人事部和生产部，下面就这些岗位来说明其素质要求及测评工具的选择。

（1）适用于销售岗位的测评设计。

销售岗位对员工的基本素质要求，包括具有良好的沟通、协调和人际交往能力，应变能力、适应能力和情绪控制能力强，熟悉产品知识、营销知识和销售渠道，具有良好的客户关系，个性表现为乐观、热情、健谈、耐挫力强。

适用于销售岗位的人员测评工具包括职业适应性测验、敏感性与沟通能力测验、性格测验、无领导小组讨论及人际交往能力测验。

（2）适用于财务岗位的测评设计。

财务岗位对员工的基本素质要求，包括具有良好的判断力、决策力和预测力，有专业资格认证和良好的职业道德，个性表现为细心、精准、严谨、谨慎、原则性强。

适用于财务岗位的人员测评工具有数量分析能力测验、DISC 个性测验、面试（结构化或非结构化）、工作动机测验及职业价值观测验。

（3）适用于研发岗位的测评设计。

研发岗位对员工的基本素质要求，包括具有发现和解决问题的能力，具有独创性和创造性，思维严密，善于学习，具有相应的技术等级认证。

适用于研发岗位的人员测评工具有逻辑推理测验、抽象推理测验、创造力测验、专业知识测验及成就动机测验。

（4）适用于售后服务岗位的测评设计。

售后服务岗位对员工的基本素质要求，包括具备良好的沟通能力和一定的专业技能，熟悉产品知识，具备良好的应变能力，工作中应热情、耐心、细心和友善。

适用于售后服务岗位的人员测评工具有人际交往能力测验、工作动机测验和职业价值观测验。

（5）适用于行政人事岗位的测评设计。

行政人事岗位对员工的基本素质要求，包括具备良好的人际沟通能力、适应能力和全面细致的分析能力，熟悉行政人事管理的专业知识和相关的劳动法规，工作中应热情、细致、耐心。

适用于行政人事岗位的人员测评工具包括 DISC 个性测验、无领导小组讨论、沟通能力测验和职业适应性测验。

（6）适用于生产岗位的测评设计。

生产岗位对员工的基本素质要求，包括具备时间管理能力，熟悉生产流程，操作能力强，反应灵敏，具备安全生产知识，有认真和负责任的工作态度。

适用于生产岗位的人员测评工具有操作能力测验、价值观评定、面试、兴趣偏好测验和专业技能测验。

2.2.2 人才测评实施的流程

人才测评实施的流程大致分为 7 个步骤，包括确定测评目的、选择测评指标和方法、设计测评方案、进行人才测评、测评数据分析、测评报告撰写及测评结果反馈。下面仅对前 5 个步骤进行介绍。

1．确定测评目的

测评的目的是为测评要素、方法和工具的选择提供依据，为人才测评方案的设计指明方向，为测评目标及测评效果进行评估监控提供依据。人才测评的目的可以分为选拔性测评、开发性测评和考核性测评等，确定测评目的是人才测评的基础，确定测评目的可以从宏观层面和微观层面来考虑。

（1）从宏观层面考虑测评目的时，需要考察政治、经济、社会和市场的发展现状，同时也要分析企业的愿景、长期发展战略和企业文化。例如，从计划经济向市场经济转型时期，企业更注重对知识型员工的需求；企业在发展进程中，由关注创新力和开拓精神向注重管理理念和企业文化转变。

（2）从微观层面考虑测评目的时，要结合人力资源管理目的和人力资源开发的需要，结合企业的经营策划、变革策划、组织策划和岗位需求，来确定人才测评的方向和目标。如 IT 公司在招募技术研发人员时非常注重其逻辑分析能力、团队合作精神和创新能力等，这是在企业的性质和岗位需求的基础上确立的。

2．选择测评指标和方法

在人力资源管理中，测评指标的确定需要进行前期相应岗位的详细分析调查，主要分析方法有工作分析法、访谈法、历史概括法和文献查阅法等。

（1）工作分析法。

工作分析法是用科学的方法收集工作信息，并通过分析、综合所收集的信息找出主要的测评因素，为人力资源管理（人员招聘、配置、开发和考核等）提供依据。

在人才测评指标制定的过程中采用工作分析法，可以依据已有的工作分析结果（如岗位说明书、任职资格）确定任职者的素质测评指标，也可以直接针对要测评的岗位进行工作分析，主要表现为分析从事某一工作岗位需要具备哪些素质条件，履行职责与完成工作任务应以什么指标来评价等。工作分析法的具体程序包括以下 5 个方面。

① 准备阶段。根据测评目的与测评需要，确定需要进行调查的岗位范围，制订调查提纲与调查计划。

② 信息收集阶段。采用工作日志法、访谈法、观察法等收集相关岗位任职者的素质条件及绩效指标的素材。岗位资料所涉及的内容，如图 2-2 所示。

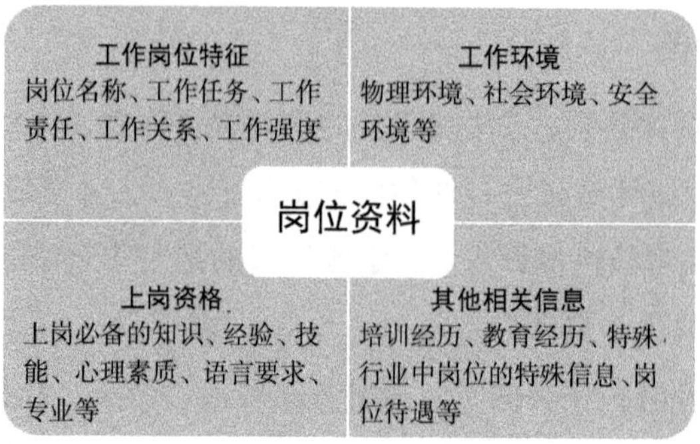

图 2-2 岗位资料所涉及的内容

③ 信息整理阶段。通过定性或定量的方法筛选收集到的信息，信息分析完成后，要将分析结果以一定的形式表现出来，如形成工作描述、工作说明书、资格说明书及岗位说明书。

④ 资料完善阶段。扩大调查范围，并要求被试者对调查表的内容进行评价、补充，对调查结果进行统计分析，形成岗位素质测评指标。

⑤ 测评指标完成阶段。对所指定的人才测评指标体系进行测试、反馈、修改，最终确定测评指标。

（2）访谈法。

访谈是以口头形式，根据被询问者的答复收集客观的、不带偏见的事实材料，以准确地说明样本所要代表的总体的一种方式。尤其在进行比较复杂的人才测评时需要向不同类型的人了解不同类型的材料，这有利于提高测评指标内容的效度。

访谈可分为结构型访谈和非结构型访谈，前者通常采用问卷或调查表的形式按定向的标准程序进行；后者是指没有定向标准化程序的自由交谈。访谈法收集信息资料是通过研究者与被询问者面对面交谈的方式来实现的，具有较好的灵活性和适应性。

（3）历史概括法。

历史概括法是把历史上成功的、失败的且被证实过的一些人物的素质进行收集、整理，将其作为正向或反向测评指标。现今，很多管理者在研读《孙子兵法》《道德经》《论语》等古代名著。《孙子兵法》对于竞争战略、战术具有很好的指导与借鉴意义，《道德经》可以启迪经营哲学和商业智慧，《论语》侧重于树人的智慧。

《孙子兵法》中“大将”的“智慧、诚信、仁爱、勇猛、严明”等素质是现代企业领导者应该具备的；孔子提出的“仁爱”对现代人具有实际的意义，对领导者来说，具备“恭、宽、信、敏、惠”这 5 点素质，对企业的发展有重大意义。

（4）文献查阅法。

文献查阅法是通过收集和分析各种现存有关的文献资料，从中选取信息，以达到测评目标的方法。它所要解决的问题是在浩如烟海的文献群体中选取适用于测评目标的资料，并对这些资料做出适当分析和使用。例如，通过一份文献资料，可以了解某地区企业任用经理的管理能力测评指标，具体如下。

① 工作管理能力：时间管理与排序、目标与标准设定、计划与安排。

② 认知能力：问题确认与解决、决策与风险衡量、清晰思考与分析。

③ 沟通能力：倾听与组织信息、给予明确的信息、获得正确的信息。

④ 领导能力：训练教导与授权、评估部属与绩效、行为规范认知。

关于如何选择人才测评方法，不仅要考虑各种测评方法和测评工具的功能、适用对象和解释范围，还要考虑测评目的、测评内容、测评岗位等方面。

人才测评方法是通过一系列科学的手段和方法对人的基本素质及其绩效进行测量和评定的活动。人才测评方法的具体对象不是抽象的人，而是作为个体存在的人的内在素质及其表现出的绩效。人才测评方法有笔试法、面试法、心理测验、情景模拟测试、评价中心、行为问卷、绩效考核、胜任素质、管理游戏和履历分析。

每种测评工具对每个人的某项素质进行有针对性的测评，一般可以通过详细的分析测评要素内容来选择具体的测评工具。常用的人员素质测评工具汇总，如表 2-2 所示。

表 2-2　常用的人员素质测评工具汇总表

测验类别	主要测评工具		适合的测评对象
基本测验	个人品质测验	16PF	乐群性、聪慧性、稳定性、恃强性、兴奋性、有恒性、敢为性、敏感性、怀疑性、幻想性、世故性、忧虑性、实验性、独立性、自律性、紧张性
		DISC 个性测验	支配性、影响性、稳定性、服从性
		管理人员个性测验	正性情绪倾向、负性情绪倾向、乐群性、责任心、广纳性、内控性、自信心、成就动机、权力动机、面子倾向等
	职业适应性测验	生活特征问卷	风险动机、权力动机、亲和动机、成就动机
		需求测试	生理需要、安全需要、归属和爱的需要、自尊需要、自我实现需要
		职业兴趣测验	经营取向、社交取向、艺术取向、研究取向、技能取向、事务取向

续表

<table>
<tr><th>测验类别</th><th colspan="2">主要测评工具</th><th>适合的测评对象</th></tr>
<tr><td rowspan="4">基本测验</td><td rowspan="4">能力测验</td><td>多项能力与职业意向测验</td><td>语言能力、概念类比、数学能力、抽象推理、空间推理、机械推理</td></tr>
<tr><td>数量分析能力</td><td>数量及数量关系的识别和分析能力</td></tr>
<tr><td>逻辑推理能力</td><td>思维能力测验，评估思维的逻辑性、灵活性和发散性</td></tr>
<tr><td>敏感性与沟通能力测验</td><td>一般人员的人际敏感性、营销意识、沟通行为倾向、营销常识</td></tr>
<tr><td rowspan="8">基本调查</td><td rowspan="2">个体行为</td><td>工作感觉评定</td><td>工作满意度</td></tr>
<tr><td>价值取向评估</td><td>理论取向，政治、经济取向，唯美取向，社交取向</td></tr>
<tr><td rowspan="4">领导行为评估</td><td>沟通方式评估</td><td>正确的上下沟通的知识和技能的掌握情况</td></tr>
<tr><td>冲突应变式评估</td><td>非抗争型，退避与顺应；解决问题型，游说与妥协；抗争型；竞争型</td></tr>
<tr><td>工作习惯评定</td><td>科层意识</td></tr>
<tr><td>变革意识评估</td><td>对事物的灵活性和创新意识</td></tr>
<tr><td rowspan="2">团体行为</td><td>团体健康度评定</td><td>共同领导、团队工作技能、团队氛围、团队凝聚力、成员贡献水平</td></tr>
<tr><td>团队绩效评定</td><td>评估团队绩效</td></tr>
<tr><td rowspan="3">基于情景</td><td colspan="2">公文筐测验</td><td>计划、授权、预测、决策、沟通等方面的能力</td></tr>
<tr><td colspan="2">无领导小组讨论</td><td>组织行为、洞察力、倾听、说服力、感染力、团队意识等</td></tr>
<tr><td colspan="2">结构化面试</td><td>评估综合分析能力、仪表风度、情绪控制能力、应变能力等</td></tr>
<tr><td rowspan="8">面向高绩效的人事管理</td><td colspan="2">人际敏感性测验</td><td>对人际事务的敏感力</td></tr>
<tr><td colspan="2">变革管理测验</td><td>变革意识、创新意识</td></tr>
<tr><td colspan="2">团队指导技能测验</td><td>沟通技巧</td></tr>
<tr><td colspan="2">自我实现测验</td><td>寻求自我发展、自我发挥的动机</td></tr>
<tr><td colspan="2">人际关系管理测验</td><td>人际关系管理能力</td></tr>
<tr><td colspan="2">沟通技能测验</td><td>沟通技巧</td></tr>
<tr><td colspan="2">管理方式测验</td><td>基本管理理念</td></tr>
<tr><td colspan="2">基本管理风格测验</td><td>管理风格</td></tr>
</table>

续表

测验类别	主要测评工具	适合的测评对象
面向高绩效的人事管理	管理情景技巧测验	在各种情景中的行为模式
	组织绩效测验	绩效意识与可能的潜力
	管理者自我开发测验	专业知识，敏感力，分析判断力，社交技巧，情绪、心智灵活性等

3．设计测评方案

测评方案的内容包括测评背景、测评目的、测评主体与客体、测评指标体系、测评方法体系、组织实施的程序、费用预算、预期效果和测评结果的运用等。其中，测评目的、测评指标体系、测评方法已经在前面的章节进行过阐述，在此不再赘述。测评主体与客体、组织实施的程序、费用预算、测评结果的运用，具体内容如下。

（1）测评主体与客体。测评主体是指主持整个测评工作的个人或组织，包括测评方案的设计者、测评方案的评估者、测评活动的组织者、测评工作的指导者、操作方案的评估者、测评结果的处理与解释者。测评主体的具体形象是测评工作人员，其中起主要作用的是测评者，他们可以是专家、主管、领导或其他有测评能力的个人；有时被测评者自己也作为测评者存在。

测评客体是指测评实施的承受者，但是如果以思想品德测评而论，具备该品德的人是测评的客体，且是具体存在的实体。

（2）组织实施的程序。组织实施的程序有实施测评前的准备工作、确定测评小组成员、培训测评人员、测评时间及场地安排、必要的后勤保障等，具体的实施程序根据组织的具体情况而定。

（3）费用预算。费用预算包括场地租赁费、设备租赁费、广告费、聘请专家费、人工费、材料制作费等。

（4）测评结果的运用。就人力资源管理活动来说，根据测评结果可以进行优秀人才的选拔、岗位配置、绩效改进、人力资源培训开发、薪酬调整等；就个人来说，测评结果可以明确自我认知，使个人有改进的方向和前进的动力，有助于个人职业生涯规划等。

4．进行人才测评

（1）确定测评人员。测评人员是整个活动的实施者，是测评活动具体的负责人。因为不同测评人员的思想、态度和个性等在一定程度上能够影响测评的效果，所以，测评人员必须坚持原则、不偏不倚，了解被试者的情况，有一定的实际工作经验，尤其是测评方面的工作经验，有一定的专业知识，做事仔细认真、一丝不苟。

测评人员的数量和层次要依据测评的性质、方法和条件进行具体分析和确定。

（2）培训测评人员。公司内部确定测评人员后，需要对测评人员进行培训，培训内容包括测评方法、测评过程、测评的操作方法和步骤、突发事件的处理办法等，在条件允许的情况下，可以组织测评人员先做些实际的演练。

（3）安排测评时间。一套人格测验试卷可能花费的时间是 1~2 个小时，一个无领导小组讨论花费的时间可能是 30 分钟。所以，要针对不同类别的测评工具和方法制定测评时间。

测评时间应按照人的心理、智力和体力活动的生物节律来安排，例如，有些人到了中午容易犯困，不宜于安排测试，所以具体的测评时间应该挑选能够完全发挥被试者智慧和能力的时间段。另外，要合理地安排测评的先后顺序及两项测评的时间间隔，提高测评的信度和效度。

（4）安排测评环境。测评场地应该能够使测评人员注意力集中，思维不受影响，建议选择宽敞、采光好、无噪声、能合理布置桌椅的场地。另外，要合理放置测评设备和被试者所需的材料。其中，测评设备包括测评工具、音像放映设备和摄像装置等，被试者所需材料包括测试编号、题本、答题纸、草稿纸、铅笔和橡皮等。

（5）广告宣传。在开展测评活动前，测评人员应向被试者宣传测评的目的、测评的大致流程、测评时应注意的事项等，以赢得他们的支持，使他们以更好的状态参与到测评互动中来。

（6）指导测评方法的操作。在实施测评的过程中，当被试者出现疑难问题时，测评人员应协助他们解决问题。

（7）测评活动的控制协调。测评活动进行时可能受场地、设备、测试材料等方面的影响，测评人员应随时对测评活动进行控制协调，保证测评活动顺利开展。

（8）收集并记录测评信息。在实施测评的过程中，为保证测评结果的精确性，测评人员应遵循务实的原则，运用评价表、录音机、摄像机等收集并记录测评信息，保证测评信息的真实性、准确性、及时性和代表性。

5．测评数据分析

对测评数据的分析，最重要的是明确测评数据分析的方法，同时要对测评数据分析的结果进行效度和信度分析。

测评数据分析的方法有加法汇总法、算数平均法、加权综合法、加权平均法、连乘综合法等。

（1）加法汇总法。加法汇总法是指将被试者在各个指标（项目）上的得分直接相加。其计算公式如下：

$$S=\sum_{i=1}^{n}x_i=x_1+x_2+\cdots+x_n$$

式中，S 为总分；x_i 为第 i 个指标的得分。

加法汇总法是最简单的统计合成法，它要求各指标同质且单位大致相近，否则需要考虑其他统计方法。

（2）算数平均法。算数平均法即把各项指标的总得分进行求平均数的运算。如当招聘中面试者的测评结果不一致时，可以采取算数平均法对数据进行处理。其计算公式如下：

$$\bar{X}=\frac{1}{n}\sum_{i=1}^{n}x_i$$

式中，$\bar{X}$ 为算数平均值；x_i 为第 i 个指标的得分；n 为评定次数、评定人数或测评指标总数。

（3）加权综合法。加权综合法即将各测评指标的原始分乘以相应的权重系数，然后再相加的一种运算方法。其具体计算公式如下：

$$S=\sum_{i=1}^{n}w_ix_i=w_1x_1+w_2x_2+\cdots+w_nx_n$$

式中，S 为总分；w_i 为第 i 个指标的权数；x_i 为第 i 个指标的得分。

在人才测评中，经常会遇到测评指标体系中各测评指标的相对重要性不同的情况，这时在进行数据汇总时可以采用加权综合法。

（4）加权平均法。加权平均法是求几个权重系数不同的指标的平均值或指标平均值的最终平均值。其具体计算公式如下：

$$\bar{X}=\frac{\sum_{i=1}^{n}=w_i\bar{x}_i}{\sum_{i=1}^{n}=w_i}$$

式中，$\bar{X}$ 为加权平均数；w_i 为第 i 个指标的权数；$\bar{x}_i$ 为指标平均评定值。

例如，公司决定采用被试者自评、上级评定和专家评定 3 种方式进行测评，每种方式的原始分为 100 分，这 3 种方式的得分在综合评分中的权重不同，其权数分别为 0.1、0.3 和 0.5。其中，被试者自评分为 80 分，上级评定的平均分为 85 分，专家评定的平均分为 75 分，则其加权平均分为：

$$\bar{X} = \frac{0.1\times80+0.3\times85+0.5\times75}{0.1+0.3+0.5} \approx 78.89$$

（5）连乘综合法。连乘综合法是把各个指标的得分直接相乘得到一个总分，这种方法的灵敏度高，但容易产生晕轮效应。其具体计算公式如下：

$$S = \prod_{i=1}^{n} x_i = x_1 \cdot x_2 \cdot x_3 \cdots x_n$$

式中，S 为总分；x_i 为第 i 个指标的得分。

2.2.3 人才测评的信度

1．信度的含义

信度反映的是测量结果的可靠性或一致性。由于测试时会有多种因素对测试结果产生影响，测得的结果可能偏离真实的情况，因此可能造成测试的误差。影响测试结果的因素既有来自被试者自身的（如他们的心理状态及对测试的认识和理解程度），也有来自外界的（如测评人员的影响、环境的影响、试题本身的问题等）。这些影响越大，测试的信度就越低。

信度的高低用相关系数表示，它通常是指同一样本所取得的两份数据的相关度，理论上用实得分数和真分数的相关系数平方之比来表示：

$$r_{xx} = r_{xr}^{\ 2} = \frac{S_T^{\ 2}}{S_x^{\ 2}}$$

式中，r_{xx} 表示信度系数；r_{xr} 表示信度指数；S_T 表示真分数；S_x 表示实得分数。

有时，也可简单地用 $r_{xr}=S_T/S_x$（真分数与实得分数的标准差之比）来表示。

由于测评内容和对象十分复杂，因此每个测验都会或多或少地产生误差，这些误差包括系统误差和随机误差。系统误差往往是由于测验工具本身造成的，比如，一杆秤本身不精准，那么称东西都是不准确的。被试者的反应定式和测评人员的期望效应也会引起测量的系统误差。为了提高测量的信度，应当尽可能避免系统误差。那些不可预知的外界因素也可能在测试时造成误差，这些因素往往是毫无规律的，如环境噪声等。这种误差属于随机误差，很难避免，只要其影响不大，是可以接受的。

理想的测验应尽可能地减少误差，把误差控制在很低的水平，这样，测验才会具有一致性，测验结果才更可靠。

2．测量信度的要求

信度达到什么水平才算符合要求呢？这需要从信度的具体含义来分析。信度实际上反映的是总方差中有多少比例可由真分数的方差决定。当 r_{xr} =0.80 时，我们说实得分数中有 80%的方差变化来自真分数，20%来自其他（测量误差）。r_{xr} 为 0~1。当实得分数反映全部真分数时，r_{xr}=1.00；r_{xr} =0.00 时，实得分数不反映任何真分数，即反映的都是误差。显然，理想的信度系数是 r_{xr} =1.00，但实际上是达不到的。

一般来说，r_{xx} 不能小于 0.70。当 r_{xx} 大于 0.70 时，可以用于团体间的比较；当 r_{xx} 大于 0.85 时，可用于鉴别个人的某些特性。不同的测量对信度的要求也有一定的差别。从经验上来看，一般的能力测验和成绩考试（如升学考试）的 r_{xx} 要求很高，在 0.90 以上；诸如人格、职业兴趣、成就动机等测验的 r_{xx} 则一般在 0.80~0.85。在实际应用中，可以用已发表的类似测验的 r_{xx} 作为参照。

3. 信度分析的常用方法

（1）重测信度（Test-retest Reliability）。重测信度是测验中使用较多的用于确定测量的稳定性的指标，又称稳定系数。重测信度的度量方法是，在一种测验完成后，隔一段时间（如两周后）再次对这些被试者或其中的某些人进行测验；然后，计算这些被试者的两次测验分数的相关系数。它反映的是两次测验（间隔一定时间）的稳定程度。由于测验的内容理论上来看往往具有跨时间的稳定性，如人的智商、个性等，可以用重测信度较好地度量测验的信度。如果个体的智商是相对稳定的，第一次测定为正常值（分数为 85~115），两个月后再测量时分数偏低（分数为 70~85），那么，可以怀疑是测量本身不稳定造成的，而非这个人的智商明显下降了。间隔一定时间的两次测验的分数有一定的出入是正常的，但不能相差太大。

重测信度所度量的误差来源是时间变化带来的随机变化，因此，在测定时，时间间隔的选择很重要，也很有技巧，并且应根据不同的测量内容而有所不同。时间间隔太短，被试者会产生较强的记忆效应和练习效应，由于使用的是同一套测验，很可能记得上次的答案；时间间隔过长，又会有其他因素影响测量的效果，如两次测量之间所经历的事件、社会环境影响、家庭影响、个人情感因素影响等。因此，时间越长，两次测量的相关度就越低。从经验来看，两次测量的时间间隔为半个月到半年比较合适。

重测信度的使用也受很多因素的影响，特别是重测期间的学习或其他重大生活事件的作用，这导致一些测验不能使用重测信度指标。如情绪情感测验或态度测验，如果一次测验之后被试者经历长假，或者遇到重大挫折，会对重测信度造成很大影响，不宜采用。又如知识或智力测验，一方面，人的知识不断增长，特别是学生，后面的学习会对前面的学习产生影响；另一方面，知识、智力、技能等方面的测验还会存在重复练习效应。在这些情况下，最好使用其他信度指标。

（2）同质信度（Homogeneity Reliability）。同质信度测量的是反映同一特质的多个测验题目得分的一致性。例如，测验成就动机的条目中有 15 个反映的是追求成功的动机，那么，被试者在这 15 个条目上的一致性即同质信度。同质信度测量的是单一特质，如果测验题目掺杂了该特质以外的东西，其同质性就会受到很大影响。有时，一套完整的测验把某个内容分为多种特质来进行，如 Y-G 性格测验，从 12 个特质方面来测量，每个特质有 10 个题目，那么，反映同一特质的 10 个题目的一致性的指数就是其同质信度。

当测验的计分方法为多个等级时，如完全符合—较符合—较不符合—完全不符合，同质信度一般采用克隆巴赫系数（Cronbach's alpha）来度量，其公式为：

$$\alpha = \frac{n}{n-1}\left(1-\frac{\sum_{i=1}^{n} {s_i}^2}{{s_x}^2}\right)$$

式中，α 为信度系数；${s_i}^2$ 为每个项目的方差；${s_x}^2$ 为测验总分方差。

（3）分半信度（Split-half Reliability）。分半信度的考查是先将测验分成两部分（两半），然后计算这两部分测验的相关系数。这个相关系数实际上代表的是两个相同测验内容取样的一致性程度，所以也属于内部一致性信度系数。这种信度系数的获得较为简单，只需要一次测验就可以实现，如在测验之后将测验分成等值的两部分，分别计算被试者在两部分测验上的得分，然后求出这两部分的相关系数。

如何将一个测验分成两部分呢？一般来说，应采用奇偶分半的方法，即将测验题目按照奇数和偶数分成两部分。当然，划分时还要注意测验自身的特性，注意题目之间的关联等。需要说明的是，前后各取一半内容的划分方法是不可取的，因为，被试者在前后部分答题时有更多的其他因素会造成二者之间的误差，如被试者的疲劳程度、练习程度、准备状态、重视程度等对前面的和后面的答题产生不同的影响，进而影响这种测定方法的信度。

由于分半信度使用的题目数比整体减少了一半，因此，对所求得的相关系数往往造成低估。因此，可以进行适当的修正。斯皮尔曼-布朗公式可用于修正该参数。假定两部分测验的方差相等，斯皮尔曼-布朗公式为：

$$r_{xx} = \frac{2r_{hh}}{1+r_{hh}}$$

式中，r_{hh} 为两部分测验的相关系数；r_{xx} 为修正后的信度。

（4）复本信度（Alternative-form Reliability）。复本信度是指用两个功能等值但表面内容不同的测验复本（如 A、B 卷）来测量同一组被试者，然后求被试者在这两个测验上的相关系数。复本信度的高低反映了两个复本测验在内容上的等值程度，这就对两个测验编制时的等值性提出了很高的要求，并且要求二者测定的内容也应该相当。否则，复本信度会受到影响，并且也会失去其原有的意义。

一般在考查复本信度时，会将复本的内容混合在测验之中同时进行，如让一半被试者先做复本 A，再做 B；另一半则先做复本 B，再做 A。

有时，也可在做完一个复本之后，过一段时间再做另一个复本，这实际上跟重测信度十分相似，既包括对测验一致性的考查，又包括对稳定性的考查，是一种更为严格的信度考查方法。

复本信度的难点在于，对有些测验来说，编制其复本是很困难的，因为两个复本必须有很高的一致性。其次，在测验时也很难避免练习效应。最后，两个复本同时测定会增加测量的时长，易使被试者感到厌倦和疲劳。

（5）评分者信度（Raters Reliability）。在有些研究中，研究者或观察者的评分也会出现不一致的情况，这也会造成误差。特别是在情景模拟测试、投射测验、工作样本分析、面试、实战演习、无领导小组讨论、绩效考评等管理测评与研究中，由于评分者自身的阅历、看问题的视角不同也会造成评价的不一致，甚至得出完全相反的结论。

具体来说，评分者信度是指评分者对相同的对象进行评定时所具有的一致性。如面试，往往由 3 个或 3 个以上专家根据被试者的表现对被试者进行评分。这时，如果想了解面试专家评分的一致性，可采用肯德尔和谐系数来求其信度，评分者信度的公式为：

$$w=\frac{S}{\frac{1}{12}K^2(N^3-N)}=\frac{\sum_{i=1}^{N}R_i^2-\frac{\left(\sum_{i=1}^{N}R_i\right)^2}{N}}{\frac{1}{12}K^2(N^3-N)}$$

式中，K 为评分者人数；N 为被试者人数或答卷数；S 为 R_i 离开 $\overline{R}_i$ 的离均差平方和；R_i 为每个对象被评等级。

4．影响信度的因素

由于测验种类繁多，因此测验信度的考查方法也多种多样。前面介绍了几种信度的测量方法，也谈到了一些影响信度的因素。在具体的人才测评或相关研究中要根据具体情况选择信度指标，因为它们各有其适用的范围和优缺点，有时还需要相互印证。这也是存在多种测量信度考查方法的原因。

一个好的测量需要通过设计尽可能地避免一些干扰因素，在量表的开发、测量程序的标准化、对测试者的培训，以及数据的收集等任何一个环节出问题，都可能影响测量的信度。

为了提高测量的信度，应注意以下几个因素。

（1）测验要标准化。测验的一系列过程应经过严格的设计，按照测量学的要求去做。只有这样才能保证测验的稳定性和内部一致性，避免测试者误差等。

（2）样本要具有广泛的代表性。如果样本缺乏代表性，都集中于某一层次，可能造成分数分布狭窄或比较集中，从而影响信度系数。如果在某一个总体内抽样，样本应尽可能具有异质性。从统计上看，异质样本的分布要宽广一些，得出的信度指数会相对较高。

（3）注意测验的环境因素的影响。影响测验的环境包括心理环境和物理环境，测试时要努力使被试者保持轻松自然的心态，否则就会发挥不正常。特别是选拔性测试（如招聘或升学考试），很多人会发挥失常。此外，安静的答题环境也是十分重要的。

（4）根据不同的测试选择合适的信度系数指标。易于找到复本的测试可采用复本信度，如英语标准化考试；具有跨时间稳定性的测评可采用重测信度，如智商测验、个性测验、管理能力测验等；测试内容可以分割为均等的两部分的可选择分半信度。

（5）注意测验的难度和长度。成就型测验如果太难，就会出现地板效应（得分都很低，甚至全都不及格）；题目太容易，就会出现天花板效应（如百分制的测验中得分都在 90 分以上）。这些都会影响信度。另外，测试时还要注意测试的时长，虽然测验同一内容的条目越多，计算出的信度越高，并且不容易受到猜测的影响，但测验时间也不宜太长，否则会引起被试者的疲劳和厌倦，从而影响答题质量。

2.2.4 人才测评的效度

和信度一样，效度也是测评的一个重要指标。效度关心的是测量的有效性，即是否测到了所要测定的东西。由于人才测评的内容（如智力、人格、态度等）往往是看不到的，测评效度的考查就显得尤为重要。从某种意义上说，效度比信度更重要，如果效度很低，无论信度有多高，都毫无意义，这就好比用尺子来测定一袋大米的重量一样。

1. 效度的测量公式

从测量学的意义来说，效度是指与测量目标有关的真实分数方差与总分方差的比率。其公式为：

$$r_{xy} = \frac{S_v^{\ 2}}{S_x^{\ 2}}$$

式中，r_{xy} 为测验效度；$S_v^{\ 2}$ 为测量方差；$S_x^{\ 2}$ 为总方差。

从理论上看，

$$S_x^2 = S_v^2 + S_I^2 + S_E^2$$

式中，S_I^2 为系统误差所造成的方差；S_E^2 为测量中的随机误差。

可见，要提高效度，就要减少由测量工具造成的系统误差和测评过程中的随机误差，测量工具的精确性和测评程序的标准化显得尤为重要。

2．效度分析的常用方法

（1）内容效度（Content Validity）。内容效度是指测评内容反映测量目标特质的程度。对于测量的内容往往详细规定了范围，这个范围是考查内容效度的基础。例如，智力测评的内容主要涉及感知能力、记忆能力、思维能力、想象能力等。智力测评题目应反映智力的这些内涵。如果测量题目过于偏重知识经验积累，可能偏离智力测评的目标，其内容效度就会受到严重影响。

内容效度的评估很难有量化指标，只能靠内行与专家的推断来进行。

好的内容效度要求测评内容范围具体明确，有的还要求尽可能具有可操作性，能够在题目上具体反映出来。此外，测评内容的选取要具有代表性。

对内容效度的估计可由几位专家来进行，如果他们都认为测评反映了要测定的目标内容，则这种测评是有效的。当然也可以参考权威人物对某个测量目标的认识，在编制条目时，根据大家公认的概念界定来进行。

在编制测评内容时，首先，要确定总体的范围，描述有关测评的知识点、技能及应用等情况，并据此来确定条目内容；其次，可列出有关内容的双向细目表，使测评内容按一定的比例编制；最后，让专家评判有关测评编制的适用性等。

内容效度主要适用于成就测评（如知识、技能的测定），也可用于选拔和分类的人才测评分析。

（2）构想效度（Construct Validity）。构想效度是指测评能够测量某理论构想或特质的程度。构想往往根据对特定目标内容的理论分析所提出的观念框架（如成就动机包括追求成功的动机和害怕失败的动机，是二者的综合反映）来建立量表，并检验其合理性。

构想效度的确定应注意以下几点。

① 通过理论分析，提出有关测试目标内容的结构框架，从这些方面解释被试者的得分。

② 根据理论结构，推导出有关测评的成绩假设。也可以通过因素分析，根据有关的数据探索出其中的结构维度。

③ 用逻辑分析或其他实证的方法检验假设，例如，进行验证性因素分析来确定理论结构与数据是否吻合，如果发现问题，及时修改模型，然后进行验证。

著名的 16PF 就是通过因素分析的方法从众多的有关人格的形容词中归纳出 16 种共同因素，最终用这 16 种因素构成总体的人格测评。因素分析的方法现在很常用，使用时要对测评的所有项目进行因素分析，并查看有关数据的特性，然后抽取对测评结果的大部分变异有解释作用的共同因子。这些共同因子将测评内容区分为几个方面，由此可以比较由这些因子组成的测评是否与测评的最初目标的理论构想相一致。有时，还可以通过验证性因素分析进一步确定这些因子组成的结构。

（3）效标效度（Criterion Validity）。效标效度是指测评分数与外在效标的相关程度，因此也称为效标关联效度（Criterion-related Validity）。效标往往是一种有关的外在参照标准，而且这种标准为大家所公认，较为客观。例如，成就动机的测量，可采用学业成绩作为效标，如果所测得的成就动机水平与学业成绩呈中等程度的正相关，说明成就动机的测量是有效的。

效标关联效度往往用于预测性测评，在企业选拔人才对开发人员的研发能力进行测定时，可用智商作为效标。

在实际运用中，根据效标效度考查方式的不同，可分为同时效度（Concurrent Validity）和预测效度（Predictive Validity）。

同时效度，是指在进行测评的同时加入或收集效标材料，以此求得测验分数与效标材料的相关度，从而获得测评的效标效度。这种方法能够快捷地获得效度指标，因此也很常用。例如在招聘时，可以将某大学生的选拔测评得分与其学校考试成绩相比较。

预测效度，是指在测量之后相隔一段时间才能获得的效标资料，它反映的是测评分数对被试者一段时间后的行为表现的预测程度。例如在人才选拔时，测得某人的销售能力很强，这可通过其一个季度的销售业绩来检验。如果其业绩确实突出，则说明当初的测评预测效度很高；否则，说明预测效度很低。

同时效度多用于诊断式测评，即诊断当前状况的测评，如绩效考评等；预测效度多用于预测性测评，如人才选拔，高的预测效度预示着该人以后在实际工作中会表现很好。

对于效标效度来说，效标的选择十分重要，有时也十分困难。效标是衡量测评有效性的参照标准。从理论上讲，效标的选择应与要测定的内容密切相关，或有证据表明二者之间的关系程度。效标本身也应具有较高的信度。

常用的效标有以下几种。

① 学术成就或学业成绩。例如，学业成绩可以作为智商、各种能力测评，以及学习动机的效标。具体来说，常见的效标有考试分数、学历、教师的评价、有关的奖励等。

② 实际工作表现。例如，人才测评、选拔、晋升、奖赏，甚至教育等都以实际工作表现和业绩作为效度指标。例如，对美国大学的评价，往往以一所大学出过多少个诺贝尔奖获得者、多少位总统等为指标；商学院的 MBA 教学评价以学员工作时的职位晋升、工资报酬的提高程度为指标。

③ 有关著名的测评。新编制的测评往往以该领域中已经取得良好信度、效度指标的测评为效标。例如，人际交往能力测评以 Y-G 性格测评中的有关维度得分为效标，可以在人际交往能力测评中加入 Y-G 性格测评中的部分条目，获得同时效度。

④ 专家评定。对一个新的测评来说，有时很难找到现成的效标，这时，可采用专家（如有关方面的教师、家长、教授、研究者）评定的方法。例如，对学生的测评以家长、同学、各科教师的评价作为效标。

3．信度和效度的关系

从信度和效度各自的定义可以看出，二者是既有区别又有联系的。信度考虑的是随机误差的影响；效度的误差还包括与测验目标无关的变量所引起的系统误差。如前所述，从理论上，$S_x^2 = S_v^2 + S_I^2 + S_E^2$。可见，要提高效度，除了要提高信度（减少测评过程中的随机误差），还要减少由测量工具所造成的系统误差（提高测量工具的精确性，并使测评程序标准化）。

效度是信度的基础，信度是效度的必要条件，但不是充分条件。如果一个测评缺乏效度，再高的信度都是无用的，甚至会出现“差之毫厘，谬以千里”的结果。当然，如果一个测评缺乏信度，其效度也会受到很大的影响。

4．影响效度的因素

人才测评中涉及的问题大都是不能直接看得到的东西，测量时主观性和间接性强，因此，对测评工具的依赖性大。而人才测评量表工具的精确性往往与物理测量中所使用的工具（如尺子、台秤）的精确性相差很大，导致测评的效度远远低于对物理变量的测定。除了量表工具自身的精确性，还有其他一些环境因素会对测量的效度产生影响。

（1）测评工具本身的精确性。首先，测评题目本身应反映要测评的目标内容的特点，如测评智力，题目内容应集中于感知、记忆、思维和想象能力，而非知识点，否则就成了一般的知识测评；其次，量表条目的质量要高，如指导语明确、条目表达清楚无歧义，还要注意避免条目之间的相互影响；最后，正式测评的量表一定要经过预测，经检验符合测量学的要求。

（2）测评时的环境因素。测评时应尽可能避免随机误差，提高测量的跨时间和跨情景的一致性，即确保测量的信度。测评期间应使被试者的测评环境相对稳定，还应使被试者保持良好的心理状态和稳定的情绪，以让被试者能够正常发挥。除了特定的研究目的，不宜在重大节假日期间进行测评，不宜让被试者在匆忙的状态下进行测评等。

（3）样本的选择。样本的选择一定要遵循抽样的严格要求，否则会得出片面的结论。如要了解智力对学习成绩的影响，如果只选择大学生被试者，就会低估智力的作用，很可能得出智力与学业成绩不相关的结论。因为大学生是经过选拔的一个群体，其智力水平相对较高，所以对学业成绩高低的贡献很难通过统计分析得出合理结论。

（4）效标的选择。效标只是考查测量有效性的参照标准，不同效标的差别可能很大，应根据具体情况来解释。在实际测量中，一般测评与效标的相关系数都很低，国外研究表明，大多测评的效度系数都小于 0.5。以成绩为效标的常见测评的平均效度系数，如表 2-3 所示。

表 2-3　以成绩为效标的常见测评的平均效度系数

	以工作业绩为效标	以培训成绩为效标
一般智力测评	0.24	0.43
语言能力测评	0.19	0.39
数理能力测评	0.24	0.43
推理测评	0.21	0.22
知觉速度	0.22	0.22
空间—机械能力	0.14	0.21
文书能力倾向	0.25	0.38

资料来源：Schmidt, Hunter, Pearlman，1981.

因此，效标只是一种效度指标的参照，要想获得理想的效度系数，还应选择合理的效度标准。

2.3　胜任特征的内涵

2.3.1　胜任特征的概念

戴维・麦克利兰于 1973 年首次提出胜任特征的概念，他指出胜任特征是指在特定工作岗位、组织环境和文化氛围中绩效优秀者所具备的可以客观衡量的知识、技能、态度、价值观、品质及动机等个体特征，是能将某一工作中有卓越成就者与普通者区分开来的个人的深层次特征。戴维・麦克利兰还提出了进行基于胜任特征的有效测验的六个原则。

（1）测验最好是效标取样。

（2）测验应能反映个体学习后的变化。

（3）应该公开并让被试者知道所要测试的特征。

（4）测验应该评价与实际的绩效相关的胜任特征。

（5）测验应该包括应答性行为和操作性行为两个方面。

（6）应该测试操作性思维模式（Operant Thought Patterns），以最大限度地概括各种行为。

长期以来，人们在胜任特征研究中常将“Competence”与“Competency”混用，包括戴维·麦克利兰与斯班瑟的著作中也都将二者予以交替使用。但以阿姆斯壮为代表的学者指出，需要将“Competence”与“Competency”进行区分，否则二者间的混淆将对研究造成不利影响。

他们认为，“Competence”是指“胜任的条件或状态”，它描述的是为了做好工作，人们必须能做的事情，是工作对人的要求，主要包括两个基本方面：必须能做的事情及其标准。因此，“Competence”指的是人们必须能做的事情，而不是他们做事情时是如何表现的。而“Competency”是指与优异绩效有因果关系的行为维度（The Dimensions of Behavior）或行为特征（Behavioral Competencies），是人们履行工作职责时的行为表现，比如，知道需要做什么（如批判性推理、战略能力、企业经营知识）、将工作完成（如成就动机、自信、控制、适应、关注效果）、让他人与你一起工作（如激励、人际技能、关注产出、说服、影响）等。

胜任特征模型则是指担任某一特定的任务角色所需要具备的胜任特征的总和。

2.3.2 胜任特征的构成

根据现有的研究与实践，一般认为，胜任特征主要包括以下几个层面。

（1）知识。个人在某一特定领域拥有的事务性与经验性信息，如对某类产品营销策略的了解等。

（2）技能。个人掌握和运用专门技术的能力，如商业策划能力等。

（3）社会角色。个人对于社会规范的认知与理解，如以企业领导、主人翁的形象展现自己等。

（4）自我认知。个人对自己身份的知觉和评价，如将自己视为权威、教练、参与者或执行者等，它表现出来的是个人态度、价值观与自我形象。

（5）特质。一个人的个性、心理特征对环境与各种信息所表现的一贯反应，如善于倾听、处事谨慎、做事持之以恒等。

（6）动机。推动个人为达到一定目标而采取行动的内驱力，如总想把自己的事情做好、总想控制影响别人、总想让别人理解接纳自己等。

上述胜任特征常用水中漂浮的一座冰山来描述。知识、技能属于表层的胜任特征，漂浮在水面上，很容易被发现；社会角色、自我认知、特质和动机属于深层的胜任特征，隐藏在水面下，且越往下越难被发现。深层的胜任特征是决定人们行为及表现的关键因素。下面以客户服务人员为例，说明胜任特征的构成。

如图 2-3 所示，客户服务人员的胜任特征通常由浅及深包含如下几个方面。

（1）知识。对所从事行业服务信息或业务信息的学习、组织、理解和应用。

（2）技能。掌握和运用服务技术的能力和技巧，如电话沟通技能、信息处理技能等。

（3）社会角色。员工基于对社会规范和职业规范的认识，在他人面前表现出来的社会形象。例如，有些员工热爱集体、遵守纪律、富于同情心、为人正直诚实、乐于奉献，积极、主动、自信地帮助客户解决问题，努力兑现承诺；而有些员工对集体漠不关心、自由散漫、冷酷无情、自私自利，被动、消极、冷漠地服务客户。

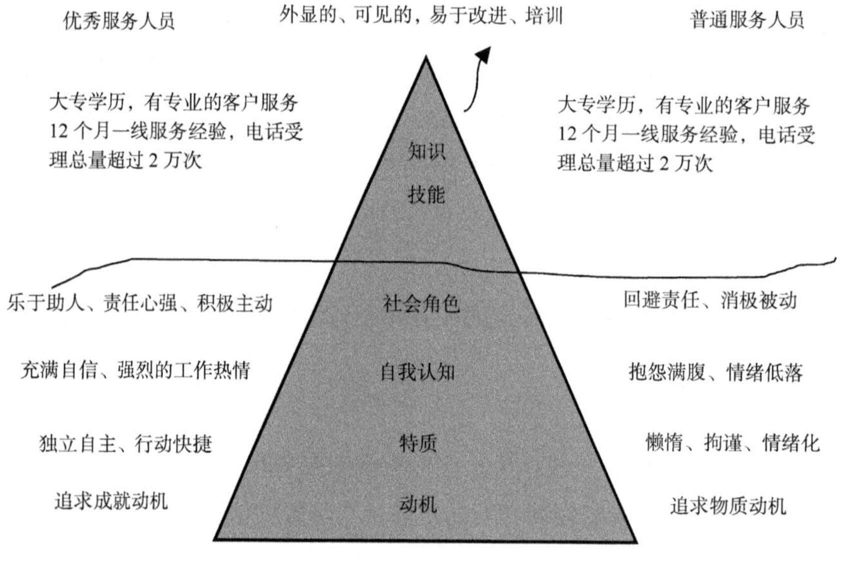

图 2-3 客户服务人员的胜任特征

（4）自我认知。对自己身份的认识或知觉，例如，有些员工自卑、羞怯、自暴自弃，认为自己的角色只是个接线员，把客户服务工作看作一个低声望职业；而有些员工自信、大方、自尊自重，积极致力于成为客户的咨询专家、营销专员、业务顾问，认为客户服务工作可以实现自我价值，是个高声望职业。

（5）特质。特质是指个人人格特征及典型的行为方式，例如，有些员工热情奔放、当机立断、独立自主、善于交往、行动快捷、情绪稳定；而有些员工做事拘谨、顾虑重重、交往面窄、疑虑困惑、不善言辞、主动性差、情绪易波动等。

（6）动机。动机是指激发、维持、调节并引导员工从事某种活动的内在心理过程或推动力量。有些员工的工作动机是追求物质利益或社会地位，而有些员工的工作动机是追求职业成功或自我实现等。

员工的业绩优劣，是由深层次的动机引发的。要想改变一个员工很困难，如果员工自身没有改变的动机，或者不努力配合，改变特质几乎是不可能的。被改变的员工也会很难受，往往事倍功半。因此，作为管理者，与其试图改变员工，不如去做选拔员工的工作。员工个体所具有的胜任特征有很多，但企业所需要的不一定是员工所有的胜任特征，企业会根据岗位的要求及组织的环境，明确能够保证员工胜任该岗位工作、确保其发挥最大潜能的胜任特征，并以此为标准来对员工进行挑选。

2.4　胜任特征模型概述

2.4.1　胜任特征模型的概念

胜任特征模型（Competency Model）是指担任某一特定的任务角色所需要具备的胜任特征的总和。胜任特征模型构建的基本原理是辨别优秀员工与一般员工在知识、技能、社会角色、自我认知、特质、动机等方面的差异，通过收集和分析数据，并对数据进行科学的整合，从而建立某岗位工作胜任特征模型构架，并产生相应可操作性的人力资源管理体系。胜任特征模型对构建组织的核心竞争力和健康的学习型组织有非常重要的作用，它运用在人力资源管理中，包括两方面的要求：一是领导如何沟通，包括如何与下属进行交往，如何激励员工进行变革等；二是人力资源经理如何做企业的战略合作伙伴，关系到人力资源在企业内如何与管理高层及其他部门的经理沟通，如何与其他部门更好地合作。

2.4.2　胜任特征模型的类别

建立胜任特征模型是针对特定岗位的，对各个岗位的胜任特征模型一定要区分不同的层次、不同的行业、不同的阶段等因素，差异化地建立结构、确定项目及权重。例如，虽然同为企业中的高层，但地产集团的财务总监与医药集团的财务总监的胜任特征模型就应该不同，因为他们是不同的行业；而财务总监和人力资源总监的胜任特征模型也不一样，因为他们的专业不同。并且根据人才素质不断提升的原理，对同样的岗位可以考虑设计分阶段的胜任特征模型，不同的发展阶段对应不同的胜任特征模型。另外，胜任特征模型还需要与组织战略、目标、文化等结合，这样才能保证建立的胜任特征模型适合特定的组织文化。

下面简单介绍一下胜任特征模型的类别。

1. 冰山胜任特征模型

冰山胜任特征模型是戴维·麦克利兰教授在 1973 年提出胜任特征概念之后建立的，目的是从品质和能力层面论证个体与岗位工作绩效的关系。他认为，胜任特征是决定工作绩效的持久品质——个体的态度、价值观、自我形象、动机和特质等潜在的深层次特征，可以将某一工作（或组织、文化）中表现优秀者和表现一般者区分开来。

2. 岗位胜任特征模型

岗位胜任特征模型是指对员工履行岗位职责应具备的个性特征、必备知识、工作技能、综合能力、工作经历、经验，以及行为特征标准的界定。目前，无论是政府还是企业，都日益重视对胜任特征进行科学系统的管理，开始着手开发企事业单位员工自身的"岗位胜任特征模型库"。建立胜任特征模型的通常做法是研究优秀员工，找出他们有别于一般员工的特点和行为。具体方法是研究人员对优秀员工和一般员工两个对照组，首先分别进行行为事件访谈，让员工描述最能代表他们所做工作的活动，获得有关他们的行为、思想、感觉和效率的细节；然后，将访谈录音转录成文字，制成资料，并由研究人员根据资料显示的能力进行编号；最后，对此做统计分析，确定区别优秀员工组和一般员工组的能力出现的频率和范围，建立基准能力和区别能力。

3. 绩效卓越者胜任特征模型

绩效卓越者胜任特征模型是指对工作绩效卓越者应具备的素质与能力特质标准的界定。这种特质是绩效卓越者独有的，是绩效一般者不具有的。建立绩效卓越者胜任特征模型，首先，需要成立领导小组和专家小组，这一步同建立岗位胜任特征模型一样。领导小组由单位的高层主管和有关职能部门的负责人组成。该小组的职责是负责胜任特征模型建立的领导工作，审定工作计划与方案，解决工作中管理与经费方面的疑难问题。其次，领导小组对建立绩效卓越胜任特征模型至关重要。成立领导小组的目的，一方面是对胜任特征模型的审定，另一方面是得到高层主管的参与支持。如果没有高层主管的参与支持，特别是单位"一把手"的参与支持，此项工作就难以顺利开展。专家小组应包括绩效卓越者、客户、人力资源专家和业务经理。最后，这个小组的职责主要是通过访谈、小组讨论或问卷调查采集信息，并对采集的信息进行分析、归纳、验证，建立胜任特征模型。绩效卓越者胜任特征模型不仅能帮助企业找到合适的员工，还能使员工更能适合自己的职位。它的应用贯通于整个人力资源管理中。

2.4.3　建立胜任特征模型的步骤

通过胜任特征分析，建立胜任特征模型的程序。简单来说，一般包括以下六个步骤。

1．定义绩效标准

这一步可以采用指标分析和专家小组讨论的办法。指标分析是指采用工作分析的各种工具与方法，明确工作的具体要求，提炼出鉴别绩效优秀者与绩效一般者的标准；专家小组讨论则是由优秀的领导者、人力资源管理层和研究人员组成的专家小组，就此岗位的任务、责任、绩效标准，以及期望优秀领导者表现的胜任特征行为和特点进行讨论，得出最终的结论。这种方法采用的指标有硬指标，如利润率、销售额等；还必须有软指标，如行为特征、态度、服务对象的评价等。

2．选取分析样本

根据第一步确定的绩效标准选择适量的表现优秀的样本和表现一般的样本，并以两者作为对比样本。

3．获取效标样本有关胜任特征的数据资料

可以采用行为事件访谈法、专家小组法、问卷调查法、全方位评价法、专家系统数据库和观察法等获取效标样本有关胜任特征的数据资料，但一般以行为事件访谈法为主。行为事件访谈法是一种开放式的行为回顾式调查技术，一般采用问卷和面谈相结合的方式。访谈者会有一个提问的提纲，以此把握面谈的方向与节奏。访谈者在访谈时应尽量让访谈对象用自己的话详尽地描述他们成功或失败的工作经历，以及他们是如何做的、感想又如何，等等。通过这样的访谈，获得关于过去事件的全面报告，然后通过独立的主题分析，对导致绩效优秀者和绩效一般者的思想和行为进行整理归类，整合各自的结果，形成区分绩效优秀者和绩效一般者关键行为的报告。

4．建立胜任特征模型

首先，对上述数据资料进行统计分析，提炼胜任特征，对行为事件访谈报告进行内容分析，记录各种胜任特征在报告中出现的频率。然后，找出两组样本的共性和差异特征，并根据存在区别的胜任特征构建胜任特征模型。

5．验证胜任特征模型

选择另外两个样本组（绩效优秀者和绩效一般者）进行验证，同时采用上述第三步的行为事件访谈法、问卷调查法等方法，考查这些假设的胜任特征是否能区分绩效优秀

者与绩效一般者，以进行研究的效度检验。也可以选择合适的效标对所得模型进行比较、评价。

6. 应用胜任特征模型

应用胜任特征模型，即推行基于胜任特征的人力资源管理。目前，国外主要根据专家、学者提出的胜任特征模型，演绎出具体的素质、能力要求，并尝试进行相关人员的选聘、培训指导。国内研究人员主要采用探索性研究思路，针对高级管理人员，在广泛问卷调查、访谈的基础上，通过分析提炼出几大胜任特征，并构建相关模型。胜任特征模型强调将企业战略目标、核心能力、员工业绩水平、行为特征结合起来，利用标杆分析，挖掘其中存在的内在联系，而传统的能力素质往往并不严格要求按照这种模式建立。在某种意义上，胜任特征模型提供了一种新的人力资源管理的理念和思想。

下面以某大型电器营销公司的销售经理进行胜任特征模型构建的研究为例。首先，我们选取了该公司不同地区的销售经理进行工作分析，明确销售经理的工作内容和工作要求，并结合该公司的实际情况确立了对销售经理的绩效考核指标。在该公司现有的优秀绩效表现与一般绩效表现的销售经理中随机挑选 45 名，对他们进行行为事件访谈。访谈的内容主要有三个部分：一是被访者的基本资料；二是被访者列举自己的三件成功的事件和三件失败的事件；三是对被访者的综合评价。在实施行为访谈的过程中，我们同时对销售经理进行了管理素质测评及管理知识测评，用来验证胜任特征模型的有效性。根据各位销售经理的访谈报告，我们归纳整理出了销售经理胜任特征频次表，并以此构建了销售经理的胜任特征模型。根据该胜任特征模型明确了合格的销售经理应该具备的胜任特征，并以此为依据，结合公司目前销售经理的现状，开发了销售经理培训体系，以帮助销售经理找到自己的“短木板”，有针对性地对销售经理进行培训，同时也为该公司的人员选拔和人才招聘提供了有力依据。

2.4.4 胜任特征模型的作用

胜任特征模型不仅应用于人才测评，也可以为企业人力资源管理提供更广阔的视角和新的技术，在人力资源管理活动中起着基础性、决定性的作用，从而促进人力资源开发与管理实践的发展。胜任特征模型的作用还在于，它可以给各个组织提供一种“通用语言”，人力资源管理人员可基于这种“通用语言”讨论管理者的招聘与选拔，也就是说，人们在人才测评中有了共同的标准。另外，胜任特征模型除了含有岗位的要求，还含有组织战略和企业文化的成分，所以，各个组织将胜任特征模型作为人才测评的标准，将测评与组织发展更加紧密地联系起来。它为企业的人员选拔、员工培训、绩效考核，以及员工激励提供了强有力的依据，是现代人力资源管理的新基点。

1．人员选拔

传统的人员选拔一般比较重视考查人员的知识、技能等外显特征，而没有针对难以测量的动机和人格特质来挑选员工。但是在工作分析的基础上，基于胜任特征的人员选拔，挑选的是具备胜任特征和能够取得优异绩效的人员，而不仅仅是能做这些工作的人员。因为如果挑选的人员不具备该岗位所需要的深层次的胜任特征，要想改变该员工的深层特征，就不是靠简单的培训可以解决的问题，这对于企业来说是一个重大的失误与损失。也就是说，处于胜任特征结构表层的知识和技能，相对易于改进和发展；而处于胜任特征结构底层的动机、人格特质等，则难于评估和改进，对胜任特征却有着重要的贡献。特别是在为工作要求较为复杂的岗位挑选候选人时，如挑选高层技术人员或高层管理人员，在应聘者基本条件相似的情况下，胜任特征模型在预测优异绩效方面的重要性比与任务相关的技能、智力或学业等级分数等大很多。

因此，在人员选拔的过程中，为了做到人职匹配，仅仅考查工作胜任特征的共性是不够的，还必须给不同的岗位构建不同的工作胜任特征模型，明确特定的胜任特征要求。

2．员工培训

以往的员工培训注重的主要是培训内容，而胜任特征分析则为培训提供了新的视野。基于胜任特征模型设计的培训，是对员工进行特定职位的关键胜任特征的培养，培训的目的是增强员工取得高绩效的能力、适应未来环境的能力和胜任特征发展潜能。

3．绩效考核

胜任特征模型的前提是找到区分优秀与普通的指标，以它为基础而确立的绩效考核指标，是经过科学论证且系统化了的考核体系，真正体现了绩效考核的精髓，反映了员工的综合工作表现。让工作表现好的员工及时得到回报，提高员工的工作积极性；对于工作绩效不够理想的员工，根据考核标准及胜任特征模型，通过培训或其他方式帮助员工改善工作绩效，达到企业对员工的期望。

将胜任特征模型应用于绩效管理，需要建立公正的、具有发展导向和战略性的绩效管理体系。这个绩效管理体系建立的基础是：绩效目标是建立在认同和信任的基础上，员工参与绩效目标的制定，并通过管理沟通形成绩效承诺。而且在整个绩效管理过程中，管理者应针对下属胜任特征的特点，给予相应的指导、支持和授权，不断提高下属的工作自主权，推动员工与企业共同成长。在绩效管理中不能仅仅局限于员工个人的绩效，应注意胜任特征中人际技能和团队协作能力的培养与发挥，合理设计工作群体，努力提高群体绩效。

4．员工激励

通过建立胜任特征模型，能够帮助企业全面掌握员工的需求，有针对性地采取员工激励措施。从管理者的角度来说，胜任特征模型能够为管理者提供管理并激励员工努力工作的依据；从企业激励管理者的角度来说，依据胜任特征模型可以找到激励管理层员工的有效途径与方法，提升企业的整体竞争实力。

在员工激励方面，海尔公司做得相对较好。海尔认为：企业首先是人的集合体，企业经营的各种要素是在主动参与经营的人的利用下才发挥作用的；企业管理既是对人的管理，也是通过人进行管理的。因此，只有使参与企业活动的人始终保持旺盛的士气、高昂的热情，企业经营才能实现较好的绩效。激励制度正是基于这样的考虑，在企业运行过程中发挥作用。海尔集团的用人理念是：人人是人才，赛马不相马；你能够翻多大跟头，就给你搭建多大舞台。根据需要层次理论，人们的需要由低级到高级分别为生理的需要、安全的需要、社交的需要、尊重的需要和自我实现的需要。海尔的用人理念体现了对员工的尊重和促使其自我价值的实现，可以说是从较高的层次实现员工的需要，而这种激励是与绩效息息相关的。

当然我们也要看到，胜任特征模型在人力资源管理方面的应用只是刚刚起步，还存在许多需要进一步完善的地方。目前，在中国主要是心理学家从事胜任特征模型的理论研究，而国外的研究成果比较显著，但其构建的胜任特征模型是否适合我国国情，还需要我国学者的进一步探索与研究；并且大多数模型属于通用模型，针对具体职位的胜任特征模型也需要进一步开发，现有的研究方法、统计技术和测评手段等都是值得进一步探讨的问题。在今后的研究中，我们要立足于中国国情，针对不同行业与企业，构建适合我国国情的岗位胜任特征模型。而且胜任特征的具体内容本身并不是一成不变的，我们正是通过胜任特征与行为之间的关系，来准确地表达与比较不同企业在各自发展阶段对于员工胜任特征要求的差异性，进而指导企业有效地开展基于胜任特征的一系列人力资源管理实践。

第 3 章

人才测评方法

本章思维导图

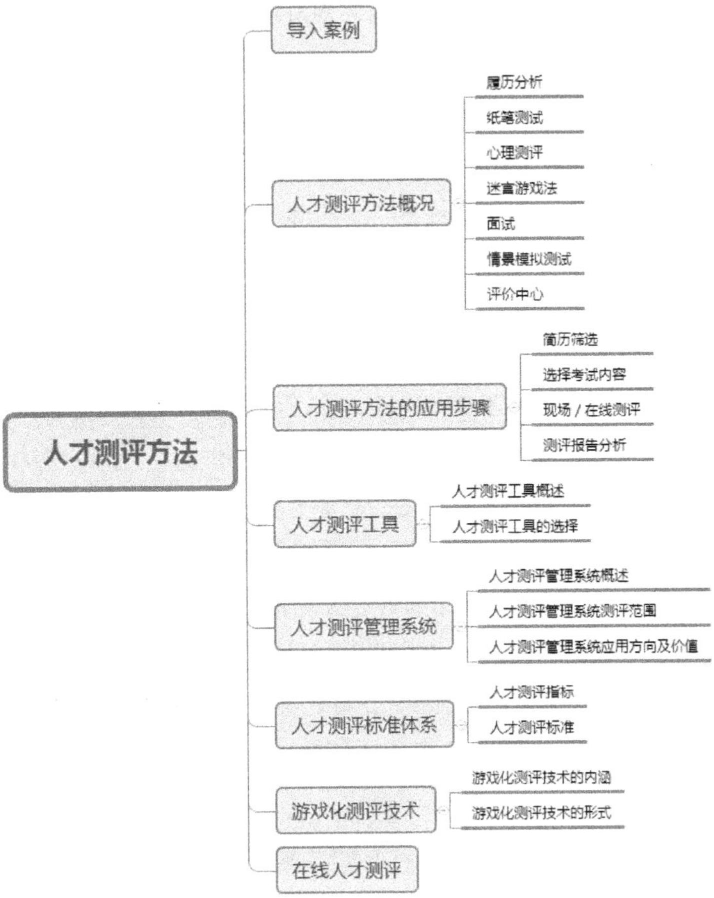

本章关键词

人才测评；方法、工具；选择。

学习目标

- 了解：了解人才测评常用的方法、工具。
- 熟悉：人才测评方法的新进展。
- 掌握：人才测评工具的选择。

导入案例

360度测评风波

大腾煤炭设计院有限公司（简称大腾）为了选拔储备干部，最近在做360度测评。几个环节过后，测评结果终于出来了，谁知公司却“炸开了锅”。建筑所所长钟一凡给本所H项目组组长曹秋林做测评反馈，两人就都很不愉快。曹秋林是建筑所的业务尖子，钟一凡平时很器重他，想让他锻炼两年当副所长，所以这次报了他当储备干部候选人，参加测评。他怎么也没想到曹秋林的综合得分居然会很低，要是照这个分数，曹秋林根本进不了第一梯队，连第二梯队都没戏。

其实，钟一凡一直不看好这次评估，第一次开管理会讨论时，他就提醒过人力资源总监于小溪，因为他不相信参加测评的人能诚实作答，只要有人不诚实作答，真相就会被扭曲。所以，他对360度测评的公正性、客观性、有效性和可操作性提出了强烈质疑。除了钟一凡，其他几个部门的头儿也纷纷表示出同样的疑虑。

但是于小溪对钟一凡他们的挑战早有准备。她解释说：“首先，360度测评和反馈工具是从国外成功企业和世界500强企业那里引进的，实践证明，这个工具在绩效管理和人才培养方面成效卓著。大腾经过改制和这些年的发展，人员结构进行了很大调整，由新生代构成的主力军形成了新的企业文化，这种文化较之以往更加开放，也更加坦诚，这为360度测评提供了群众基础。其次，360度测评是由管理专家和学者多年研发而成的，理论基础雄厚。最后，公司这次是与有国际声望的管理咨询公司合作，他们会为大腾量体裁衣。”于小溪的话似乎无可辩驳，而且还有公司总经理谢涛支持她，360度测评就这样在公司展开了。

现在，测评结果出来了，郁闷的不只有钟一凡和曹秋林，于小溪那里也很不安生。

没入选干部梯队的人有抱怨，入选的人也有抱怨，嫌发展计划把人分成三六九等。面对这些消息，于小溪一边惊讶于消息的泄露和传播，一边还得做解释安抚工作。她又回顾了一遍认为整个计划是缜密的，而且直到反馈之前都可以说是顺畅的，各位中高层干部似乎也很配合。可是，为什么到了反馈环节就出现了很多的不满，测评风波也惊动了公司总经理谢涛。先是钟一凡找到他，要求公司慎重考虑选拔计划，对曹秋林这种业务尖子有所变通。然后是热力工艺所所长来强找上门来，抱怨自己所这次无人入选一、二梯队，是因为不懂潜规则。有个大所的所长还透露给谢涛一个消息，说他底下的人，不管进梯队的还是没进梯队的，都要联名上书，要求公司将培养储备干部的钱拿出来，进行全员培训，他们的口号是："人人享有被培训的权利。"真没想到一个 360 度测评会引起如此轩然大波，这完全背离了谢涛做这件事的初衷。他本来是想给大家创造一个好的发展环境，为公司规划一个可持续发展的未来。一个测评弄得全公司士气低落、飞短流长，"乱成了一锅粥"。

（资料来源：中国人力资源网，www.hr.com.cnp）

人才测评方法是指通过一系列科学的手段和方法对人的基本素质及其绩效进行测评和评定的活动。人才测评方法的具体对象不是抽象的人，而是作为个体存在的人的内在素质及其表现出的绩效。不同学者对人才测评方法有不同的观点，我国学者俞文钊认为，人才测评的方法有广义与狭义之分。所谓广义的人才测评方法，包括哲学方法、要素设计方法、标准编制方法、计量方法、实测方法、评价方法、思想教育方法、组织和培训方法等。狭义的人才测评方法是指在实施测评时采用的方法，是在既定的要素、标准和计量等基础上合理进行测评的特定方式和方法，能对广义的人才测评方法进行综合协调，以保证广义的人才测评方法的实现。

3.1　人才测评方法概况

人才测评的方法包含在概念自身中，即人才测评和人才评价。人才测评方法的主要工作是通过各种方法对被试者加以了解，从而为企业组织的人力资源管理决策提供参考和依据。帮助企业选择合适的人才，系统地降低人才甄选失误给用人企业带来的风险。传统人才测评方法，主要有履历分析、纸笔测试、心理测评、迷宫游戏法（e-profiling 测评法）、面试、情景模拟测试、评价中心。

3.1.1　履历分析

履历分析又称资历评价技术，是通过对应试者的个人背景、工作与生活经历进行分析，来判断其对未来岗位适应性的一种人才评估方法，是相对独立于心理测评、评价中心的一种独立的人才评估技术。使用个人履历资料，既可以用于初审个人简历，迅速排除明显不合格的人员，也可以根据与工作要求相关性的高低，事先确定履历中各项内容的权重，把申请人各项得分相加，根据总分确定选择决策。履历分析是根据履历或档案中记载的事实，了解一个人的成长历程和工作业绩，从而对其人格背景有一定的了解。近年来这一方式越来越受到人力资源管理部门的重视，被广泛地用于人员选拔等人力资源管理活动中。研究结果表明，履历分析对申请人今后的工作表现有一定的预测效果，个体的过去总是能从某种程度上表明他的未来。这种方法用于人员测评的优点是较为客观，而且成本低，但也存在几方面的问题，比如，履历填写的真实性问题；履历分析的预测效度随着时间的推进会越来越低；履历项目分数的设计是纯实证性的，除了统计数字，缺乏合乎逻辑的解释原理。

1．履历分析发展历史

履历分析是 2006 年来才被采用的测评新技术，但其一经采用就在人才招聘选拔中起到十分重要的作用。

2．履历分析的特点

（1）依据的真实性。履历分析是以应试者个人过去的经历作为评价依据来分析、预测其未来的职务行为倾向或成就，这种经历通常是可以核实的。

（2）评价的普遍性。履历分析的结果与应试者的多种行为（效标）之间往往有较大的关联性，如工作绩效、出勤率等，因而可以用于对应试者行为的多维预测。

（3）评价的准确性。履历分析是通过应试者过去的工作经历、工作表现来预测其未来的表现，其方法论原则体现的是整体主义和历史主义，是一种全面的、系统的评价技术。

3．履历分析的价值

（1）能够得到履历定量分析成绩。

（2）实现了测评的职位区分。

（3）有效利用了应试者各种重要的履历信息，对资格审查合格的入围者进行区分，使测评选拔更加科学合理。在进行职位调研分析的基础上，按照职位要求，对应试者年龄、学历、受训经历、工作经验、工作业绩和相关工作背景等进行定量分析，并得出其履历岗位匹配系数 β。履历分析的结果可作为一项测评成绩记入总分，也可作为其他测评成绩的职位和履历修正。例如，某一岗位的招聘选拔在报名人数较多的情况下，首先按照履历分析得分排序淘汰部分人员，这样就可以降低测评选拔成本。其余人员可用履历岗位匹配系数 β 对综合素质测评总分进行修正后作为最终成绩。一份设计良好的应聘履历登记表可以提供很多有用的信息，对登记表进行分析有很高的预测效度。

履历分析在人才测评体系中占有重要的地位，履历分析技术的推广对完善人才评价体系具有重大意义。

4．履历分析的主要理论

（1）从心理学的角度来分析。

① 心理学认为，感觉是对事物个别属性的反映，而知觉则是对事物整体的反映。但知觉的产生与个人的经验密切相关，没有“经验的参与”，我们是无法得到人才个体的整体印象的。正如心理学家索柯洛夫说的：“没有过去经验的支持，把任何东西感知为现实确定的对象和现象，都是不可能的。”这就是说，过去的经验能帮助我们全面地认识客观事物。经验来自人的经历，经验是人生经历和体验，经验蕴含于经历之中。一个人没有当过农民的经历，他就永远得不到种田、养殖的实际经验。因此，假如我们测验某人是否为一个合格的农民，认真考察、分析他种田、养殖的经历或经验，可能比考他书本上的农业知识要有效得多。

② 人才个体的素质和能力是由先天条件和环境因素共同作用而形成的。先天条件是基础，是必要条件，在一定情况下，环境就成为制约和影响人才个体素质和能力形成的关键因素，环境塑造了人的特性，塑造了人生历程，每个人的履历都反映在自己的特定的环境中。因此，通过环境中的关联因素来考查和评价人才个体的素质和能力是完全可行和必要的。

（2）从信息资源的客观性、全面性和真实性来分析。

人的履历中包含我们所需要的大部分信息，一般情况下，这些信息是人才个体的亲身经历和体验，这些信息客观、全面、真实、系统地记录或间接地反映了人才个体的主要情况，因此，这些信息资源作为测评人才的基础性依据是必不可少的，也是有效的。应聘者填写信息的真实性直接影响着测评的质量。美国教授卡西奥对履历填写的真实性问题进行了专门研究。履历中填写的内容与已证实的情况的一致性为0.9，证明大多数人是能够真实填写的。但也有研究者得出了不同的结论。据报道，美国有25%的管理和行政局的候选人在学术证书上弄虚作假。我国假文凭、假证书和大水分的文凭泛滥成灾，确实会对测评质量造成很大影响，但这并不是不可解决。经营管理人员进行了履历分析测评，在测评表的设计中我们充分考虑了这些因素，经过对这些应试者填表真实性的统计分析，结合结构化面试和其他材料了解，90%以上的人填写的信息真实可信，有个别人在有些项目上有所夸张，尤其是在一些不易核对的要素上。

（3）从应试者心理来分析。填写过分夸张或不真实的信息，不但要面对一些知情者，也会对他被录取后的工作信誉或经济利益带来不良的影响，使应试者也会有所顾忌。在实际应用中，施测单位必须承诺对应试者所填的一切信息要严格保密，要负责任。另外，测评表除了设计得科学、合理，还可以通过技术处理来解决。例如，设计一些用于检验一致性和真实性的测评要素，或结合档案及有关材料的调查，以提高应试者填写信息的真实性。履历分析测评系统预测工作成功准确率的分析在人才的选拔招聘中，对不同的工作岗位，有着不同的要求。履历分析测评系统要建立在职位要求和工作分析的基础上，所选取的测评要素、选项和权重必须和职位有一定的关联度和针对性，相关的程度决定了权重的大小，因此，由于众多的相关因素的集合，使其总的相关性和针对性进一步提高。有关人员研究认为，较高的相关性和针对性，必然能获得较高的预测性和准确率，也就意味着较高的可靠性。一般认为，在条件相对稳定的情况下，应试者过去的工作经历和表现是预测他未来工作表现的最好方法。一个人如果有在几个大公司高层岗位工作的经历和较好的业绩，那么就可以预测他在类似的新岗位上必然也会有较高的胜任力。英国某大学和一些公司研究显示，履历分析技术预测的准确率分别为：技术工人 0.27~0.465，工程人员 0.39，商业类办公室人员 0.40、0.38 和 0.47，销售人员 0.25，事务性人员 0.48，信贷员 0.62，创造性人员 0.48。当然，准确率的高低与要素的选择和系统的设计有很大的关系。这些系数的确定，一般在专家判断的基础上，采用因素分析法或统计检验法获得，无论采用哪种方法，都要在应用中不断检验、修正，才能达到预期的效果。

总之，科学地考察一个人的经历和经历中所取得的经验，对于全面、客观认识、判断一个人的能力和个性特征，不但有足够的理论依据，而且是比较有效的。

5．履历分析的主要方法

（1）履历分析项目的筛选和权重确定。履历表项目的个数从现有的调查情况来看，有 15~800 个不等。但均包括两部分的内容：一部分是测评人员能够核实的项目，如家庭住址、家庭情况、工龄、学历、年龄等；另一部分是不能核实的项目，如述职报告、自我工作小结等。

履历分析项目的筛选依据是职务分析及岗位描述。在确定履历分析项目和权重前必须对应试者的拟任岗位进行认真、细致的分析，以系统、全面地确定该工作岗位对人员各方面的能力和素质（如学历、技能、资历、品质等）的基本要求。履历表的项目数量需要根据拟任岗位的特点和评价需要而定。用于国家主要安全部门的履历表可能包括数百个项目，而一般的简单劳动岗位则可能只需要几个或十几个项目。权重确定依据的是项目内容与未来岗位要求及工作绩效的相关程度。在履历表的项目中，与拟任岗位有关的项目应赋予较大的权重。例如，通过调查发现大专以上学历的人 80%有优秀的工作表现，而低学历的人只有 40%的人有优秀的工作表现。在履历表的加权设计中，就可以为高学历的人记 80 分，为低学历的人记 40 分。履历分析项目的筛选应该依据所要填充的工作岗位的不同而变化。在确定履历分析的项目内容时，还要注意评价项目的可检验性。不可检验的项目或可检验程度低的项目对于履历分析来说，其效用将大打折扣。

（2）设计加权履历表。履历分析的主要工具是加权履历表。用于领导人才履历分析的加权履历表通常由以下三个方面的项目构成。

① 个人基本情况。这主要包括姓名、性别、出生年月、民族、教育程度、政治面貌、宗教信仰、主要家庭成员、主要社会关系、婚姻与本人健康状况，等等。

② 个人经历。这是履历表的重点部分。用于资历评价的履历表必须对如何填好个人经历做出具体、明确的说明。例如，个人经历从何时填起，时间间隔如何确定，经历中是否应包括职务情况的说明，证明人姓名、职业和联系方式等。

③ 个人历史和政治表现情况。这一方面的构成包括何时、何地、何故受过何种奖励或处分，个人在历次政治运动中的表现，个人有无重大历史问题，工作与表现情况，有无需要特别说明的问题，等等。

3.1.2 纸笔测试

1. 纸笔测试的内涵

纸笔测试是指采用纸笔测试的方式，通过严格的书面材料的问答来考查应试者的综合素质、特征和能力。纸笔测试主要用于测评人的基本知识、专业知识、管理知识、相关知识、综合分析能力、文字表达能力等素质及能力要素。它是一种最古老而又最基本的人员测评方法，至今仍是企业组织经常采用的选拔人才的重要方法。纸笔测试是人才测评的常用工具之一，是对应试者的知识广度、深度和知识结构进行测评的一种方法。纸笔测试在测定知识面和思维分析能力方面效度较高，而且成本低，可以大规模地进行施测，成绩评定比较客观，往往作为人员选拔录用程序中的初期筛选工具。

2. 纸笔测试的范围

纸笔测试一般分为公共科目笔试和专业科目笔试两种。

（1）公共科目笔试。公共科目笔试包括政治、经济、法律、管理、科学技术及历史、国情国力、公文写作与处理，主要测试应试者胜任工作必须具备的基本素质，特别是运用有关基本理论、基本知识和基本方法分析解决工作中实际问题的能力。

（2）专业科目笔试。专业科目笔试包括职位需要的专业基础知识、专业管理知识和专业政策法规知识，主要测试应试者胜任职位工作必须具备的专业素质，特别是运用专业知识分析解决工作中实际问题的能力。

3．纸笔测试的优缺点

在人才测评工作中，评价应试者的能力要用两个以上测评工具来补充验证。这是因为，任何一种测评工具都有其明显的优点和缺点，纸笔测试也是如此。笔试历来因其公平、简便、迅速的特点而被广泛采用。

（1）纸笔测试的优点。

纸笔测试的优点：一是公平，为应试者提供平等的竞争机会；二是经济，同时测评大批应试者，节省时间、成本低；三是客观，试卷密封，阅卷客观；四是广博，一张试卷信息量大，考查不同方面知识的广度和深度；五是简便，可以大规模施测，不需要过多的、特殊的仪器等；六是快速，采用机器阅卷，速度快、方便快捷。

（2）纸笔测试的缺点。

纸笔测试的缺点：一是难以测试实际操作能力，容易使应试者机械记忆；二是试题可能不科学，特别是一些怪题、偏题，不能体现应试者的实际能力；三是阅卷可能不够客观，阅卷人员素质的高低使他们对试卷的评判也会出现偏差。

4．纸笔测试的通用评价要素

（1）分析解决问题的能力。这是对工作中的实际问题进行全面系统分析，抓住问题实质，有针对性地提出切实可行的解决办法的能力。

（2）文字表达能力。这是以规范、简练、清楚、严密、准确的文字表达思想观点的能力。

各评价要素所占权重比例根据职位对知识和能力素质的要求确定。

5．纸笔测试的职业评价要素

（1）专业知识素养。这是对职位所需要的专业基础知识的掌握程度和灵活运用的能力。

（2）专业政策法规水平。这是对党和国家有关专业政策和法律法规的理解掌握程度和结合实际贯彻执行的能力。

（3）专业管理能力。这是根据职位职责要求，运用专业管理知识解决工作中实际问题的能力。

（4）职位需要的其他相关能力。该项具体评价要素根据不同职位的要求，经职位分析确定。

3.1.3　心理测评

有人认为心理测评起源于中国古代的科举制度，还有人认为心理测评可以追溯到古希腊的体育、智力技能测评。现代心理测评始于 19 世纪，即法国心理学家比奈和他的同事西蒙于 1905 年编制的比奈–西蒙量表。该量表是应法国教育部为区分正常儿童与低能儿童的需要而编制的。从此以后，心理测评被公认为测评个别差异的有效工具。心理测评是对于贯穿在人的行为活动中的心理特征，依据确定的原则进行推论和数量化分析的一种科学手段。心理测评是对胜任职务所需要的个性特点能够最好地描述并测评的工具，被广泛用于人事测评工作中。心理测评实质上是对行为样本的客观化和标准化的测评，心理测评与其他学科的实验是一样的，一种测评不可能包含要测评的行为领域的所有可能的题目，它只是全部可能题目中的一个样本，因此，测评题目的取样必须有代表性，测评才能达到预想目的。

1．心理测评的方法

（1）标准化测评。标准化测评一般有事前确定好的测评题目和试卷，详细的答题说明，客观的计分系统、解释系统，良好的常模，以及测评的信度、效度和项目分析数据等相关资料。通常用于人事测评的标准化测评主要包括智力测评、能力倾向测评、人格测评、兴趣测评、价值观测评、态度测评等。标准化测评具有使用方便、经济、客观等特点。

（2）投射测评。投射测评主要用于对人格、动机等内容的测评。它要求被试者对一些模棱两可或模糊不清、结构不明确的刺激做出描述或反应，通过对这些反应的分析来推断被试者内在的心理特点。它基于这样一种假设：人们对外在事物的看法实际上反映出其内在的真实状态或特征。投射技术可以使被试者不愿表现的个性特征、内在冲突和态度更容易地表达出来，因而在对人格结构、内容的深度分析上有独特的功能。但投射测评在计分和解释上相对缺乏客观标准，对测评结果的评价带有浓重的主观色彩，对测评人员和评分者的要求很高，一般的人事管理人员无法直接使用。

2．心理测评的特征

（1）心理测评的间接性。心理测评只能通过对问题情景的反应来推论他的心理特质，也就是从个体的外在行为模式来推知其内在的心理特性，因而心理测评永远是间接的。

（2）心理测评的相对性。在对人的心理特性和行为进行比较时，没有绝对参照点，即没有绝对零点，有的只是一个连续的行为序列。因此，心理测评的度量单位是相对的。如一个人的智力高低和能力大小，都是就其在所在团体的整个分数序列、行为序列中的地位来说的，其测评的分数单位是相对的。

（3）心理测评的客观性。客观性是对测评的基本要求，由于任何测评都有误差，因此心理测评的客观性实际上就是测评的标准化问题。标准化是指量具的编制、实施、计分和分数解释过程的一致性，减少测评人员和被试者的随意性程度，尽可能地控制和减少误差，进而保证测评结果的准确性和客观性。

3. 心理测评的分类

根据所采用的标准，可将心理测评分为标准测评与常模测评；根据测评的功能定位将心理测评分为能力测评和人格测评；根据测评的目的定位将心理测评分为描述性测评、诊断性测评和预测性测评；根据测评的对象将心理测评分为个别测评和团体测评；根据测评的材料将心理测评分为文字测评和非文字测评。

4. 心理测评的运用

人才测评不是最终目的，而是测评结果的运用。一是为人力资源决策（如任用、晋升、提薪、奖励等）提供依据。二是向员工反馈测评结果，辅助员工改进绩效。三是审视管理政策的效果，如人员配置、员工培训等方面是否有效，并进行培训改善和再提高的开发。

5. 心理测评的信息化和智能化

传统的心理测评以纸笔为主，随着人工智能和信息化技术的应用，心理测评也需要信息化和智能化。心理测评信息化和智能化后，被试者可以依托计算机、手机和 PAD 等终端进行操作，包括测评录入、数据管理、数据分析、报告辅导四大模块，用户通过鼠标、键盘、屏幕或语音及图形进行操作，会使心理测评的应用变得方便、简捷。信息化和智能化打破了由于纸笔测评带来的地域、时间限制，只要有终端、网络，被试者无论何时何地都可以进行测试；心理测评信息化和智能化大大减少了重复的统计、分析的劳动量，信息化和智能化使得从测评录入到数据管理，再到数据分析等，所有环节都可以通过信息化和智能化完成。使心理测评变得更加简便；心理测评的信息化和智能化对于量表的研究来说有很大的促进作用，信息化和智能化使得规模化开展心理测评成为可能，并且通过信息化和智能化的测评，收集数据、分析数据成为可能，使测试结果能长期保存，档案式管理成为可能。

心理测评信息化和智能化的基本步骤包括：编制程序，确定待测特质，编制试题，分析试题，选择试题，组合试题，研究、分析测验的信度和效度，以及建立常模。

3.1.4　迷宫游戏法

迷宫游戏法通过迷宫游戏的方式收集被试者的信息，是评估被试者的表现和表现能力的新方法。它以心理诊疗、医学及神经学的最新科学研究成果为基础，有效地克服了被试者记忆考题产生的问题，从心理学、神经学的双重角度对被试者给出客观而科学的评价。迷宫游戏法具有简捷、方便、高效度、高信度、低成本、隐蔽性强、无倾向性、趣味高等优势。它主要测试的是人的思维模式、情感模式和行为模式，同时也在测评人的精力集中的能力。欧美国家在人才招聘和选拔的过程中已广泛使用迷宫游戏法。测试报告主要内容有绩效和工作策略、资源利用、灵活性和自我激励、工作热情和工作质量、学习能力、应对变化、团队合作、外因和内因的倾向性、互动和沟通等。相对于传统方法，迷宫游戏法更为休闲化、娱乐化，实现了人的思维、感官，以及决策工程的优化组合。

3.1.5　面试

面试是通过考官与应聘者双方面对面的观察、交谈，收集有关信息，从而了解应聘者的素质状况、能力特征及动机的一种人事测评方法。可以说，面试是人事管理领域应用最普遍的一种测评形式，企业组织在招聘中几乎都会用到面试。面试按其形式的不同可以分为结构化面试和非结构化面试。

1. 结构化面试

（1）结构化面试的含义。

所谓结构化面试就是首先根据对职位的分析，确定面试的测评要素，在每个测评的维度上预先编制好面试题目并制定相应的评分标准，对应聘者的表现进行量化分析。不同的考官使用相同的评价尺度，对应聘同一岗位的不同应聘者使用相同的题目、提问方式、计分和评价标准，以保证评价的公平合理性。中国科学院大学时勘教授将结构化面试的概念定义为：“根据特定职位的胜任特征要求，遵循固定的程序，采用专门的题库、评价标准和评价方法，通过考官小组与应聘者面对面的言语交流等方式，评价应聘者是否符合招聘岗位要求的人才测评方法。”

（2）结构化面试的基本原理。

结构化面试的基本原理是：对同类应聘者，用同样的语气和措辞、按同样的顺序、问同样的问题，按同样的标准评分。问题的结构就是招聘岗位所需要的人员素质结构。它的设计遵循以下几个步骤。

① 分析应聘岗位对应聘者的素质要求。人员招聘是为了及时满足企业发展的需要，弥补企业岗位的空缺，因此其最直接的目标是获得该岗位所需要的人，对岗位的分析尤为重要。根据工作说明书对从事该工作的人员所必须具备的一般要求、生理要求和心理要求给予分析说明。一般要求包括年龄、性别、学历、工作经验等。生理要求包括健康状况、力量与体力、运动的灵活性等。心理要求包括观察能力、集中能力、记忆能力、学习能力、解决问题能力、数学计算能力、语言表达能力、性格、气质、态度等。经过分析可以确定某些具体要求的重要性，并分配权重，运用于实际面试。

② 确定录用标准，设计面试问题。在岗位要求与素质分析的基础上，确定录用应聘者的基本标准。所谓基本标准也就是应聘者必须具备的、主要的素质要求。根据其素质要求设计问题，并且使所提及的问题能覆盖应聘岗位所必需的、主要的素质要求；通过对应聘者答案的分析能明确地了解他与本岗位的适应度。

③ 合理安排问题的顺序，确定由谁提问。完成问题的设计之后，将对问题进行排列。原则上是先易后难，循序渐进，先熟悉后生疏，先具体后抽象，从应聘者能够预料的问题出发，让其逐渐适应、展开思路、进入角色。另外，把问题分配给特定的考官，由合适的人提出合适的问题，以免面试提问次序混乱。

④ 明确评分标准和评分人，设计规范的评分卷。规定了特定的提问考官，当然就得赋予其一定的权力，在每个问题上，相应考官就有绝对的决定权。首先，对于常识性的问题，一般只存在正确与否，那么可以安排一名非专业考官进行提问，每位考官的打分都有相同的权重。而对于专业性的问题，则由该专业资深的考官提问，并赋予其较高的权重。当然，也可以就专业问题直接由专业考官打分，结构化面试中并不需要每位考官都给予打分。其次，如果有多名考官进行评分，评分就应当有一定的合理性，避免出现其他考官的“陪考”现象，这样会使面试失去了极大的公平公正性。每位考官的最大权重最好保持在 50%，当然具体的权重由具体的面试要求所决定。再次，赋予每个问题的分值应当合理，可以按 10 分制，也可以按五段分值 1、3、5、7、9，这样有利于应聘者档次的拉开，便于最终录用的决策。最后，在评分表的设计上要有规范的格式和明确说明，让考官明确自己在某个阶段的具体行动和某个问题上的决策权重，并在规定的打分栏后留有空余，给予考官对应聘者回答的记录，以及补充对某些问题的个人看法，便于面试的评估总结或再次的面试。

结构化面试能帮助考官发现应聘者与招聘职位职业行为相关的各种具体表现，在这个过程中，面试官可以获得更多有关应聘者的职业背景、岗位能力等信息，并且通过这些信息来判断该应聘者是否能成功胜任这个职位。因此，进行科学有效的结构化面试，将帮助企业对应聘者进行更为准确的个人能力评估，降低企业招聘成本，提升员工绩效。尽管结构化面试也是通过考官与应聘者之间的交流来进行的，但从形式到内容上，它都突出了标准化和结构化的特点，比如，结构化面试要求面试题目对报考相同职位的所有应聘者应该相同；考官的数量至少在 2 人以上；典型的结构化面试还要求在对拟任职位进行工作分析的基础上编制面试题目。正因为如此，结构化面试的实施过程更为规范，面试结果也更为客观、公平、有效。人们对传统面试的批评意见是：考官的提问太随意，想问什么就问什么；评价缺少客观依据，想怎么评就怎么评。因此，传统面试的应用效果不理想，面试结果通常也很难令人信服。而结构化面试正是在克服传统非结构化面试上述缺陷的基础上产生的。企业在对员工进行面试的时候，一方面应该保证选拔标准必须基于对职位申请者所需岗位胜任特征水平进行评估，另一方面必须采用系统化、结构化的方法来评价应聘者在这些胜任特征上的行为表现水平，以便确保选拔的公平性和科学性。结构化面试两方面兼顾，因此便成为当今最受青睐的面试方法。特别是在公务员录用面试中，为了确保选拔工作的客观公正，国家专门规定必须采用严格的结构化面试形式。

（3）结构化面试的特点。

由于吸收了标准化测验的优点，也融合了传统的经验型面试的优点，结构化面试的测验结果比较准确和可靠。

① 根据工作分析的结构设计面试问题。在结构化面试中，面试的目的是要将对职位更合适的应聘者选拔出来，这种面试方法需要进行深入的工作分析，以明确在工作中哪些事例体现良好的绩效，哪些事例反映了较差的绩效，由执行人员对这些具体事例进行评价，并建立题库。结构化面试测评的要素涉及知识、能力、品质、动机、气质等，尤其是有关职责和技能方面的具体问题，更能够保证筛选的成功率。

② 向所有的应聘者采取相同的测试流程。在结构化面试中，不仅面试题目对报考同一职位的所有应聘者相同，而且面试的指导语、面试时间、面试问题的呈现顺序、面试的实施条件都应是相同的。这就使得所有的应聘者在几乎完全相同的条件下接受面试，保证面试过程的公正公平性。提问的顺序结构通常有两种：一是由简单到复杂的提问，逐渐加深问题的难度，使应聘者在心理上逐步适应面试环境，以充分地展示自己；二是由一般内容到专业内容的提问。

③ 从行为学角度设计出一套系统化的具体标尺，每个问题都有确定的评分标准，针对每个问题的评分标准，建立系统化的评分程序，能够保证评分一致性，提高结构有效性。针对每个测评要素，结构化面试有规范的、可操作的评价标准，从而使每位考官

对应聘者的评价有统一的标准尺度。应聘者的面试成绩最终是经过科学方法统计出来的（对每个要素去掉众多考官评分中的最高分和最低分，得出算术平均分，再根据权重合成总分）。结构化面试不同于传统的面试，它更加注重根据工作分析得出的与工作相关的特征，考官知道应该提出哪些问题和为什么要提出这些问题，避免了犯主观上的归因错误，每个应聘者都得到更客观的评价，降低了出现偏见和不公平的可能性，能够可靠、有效地在最短的时间内招聘到真正能够满足工作要求的应聘者。

④ 考官的组成结构。在结构化面试中，考官的人数必须在 2 人以上，通常有 5 ~ 7 名考官。考官的组成一般也不是随意决定的，而是根据拟任职位的需要按专业、职务，甚至是年龄、性别按一定比例进行科学配置，其中有一名是主考官，一般由他负责向应聘者提问并把握整个面试的总过程。

总而言之，结构化面试具有试题固定、程序严谨、评分统一等特点。从实践来看，结构化面试的测量效度、信度都比较高，比较适合规模较大，组织、规范性较强的录用面试，因此，结构化面试已经成为录用面试的基本方法。

（4）结构化面试的效能。

① 结构化面试中提出的问题仅与工作的要求有关，客观地收集并评价候选人的信息，尽量避免各种评价误差，如主观印象、第一印象和随机性等对结果产生的偏差。

② 结构化面试有较高的有效性，同时成本也较低。实践证明，结构化面试在判断人的态度和行为方面有比较好的效果，增加了面试的可靠性和准确性。

③ 结构化面试容易被人们所接受。由于结构化面试让所有的应聘者回答同样的问题，并依据客观的标准对应聘者进行比较，对应聘者的工作能力做出决策，通过比较选择合适的人员，不易造成由于民族或性别而出现的不公平现象，保证了一种不偏不倚、所有应聘者都可以接受的方式进行筛选。

④ 结构化面试需要在面试前事先进行工作分析、建立题库、设计评分程序等，这也是其与传统面试的根本区别之一，同时也使结构化面试工作显得更有条理，更有准备。

（5）结构化面试的方式。

结构化面试主要分为行为描述性面试和情景性面试。行为描述性面试源于“过去的行为是对未来行为最好的预测”。设置招聘情景则意味着考官对未来工作人员的最好预测方式是了解他们过去干得怎么样。一般来讲，行为描述性面试的问题是基于关键胜任特征的行为性问题，因此，必须要对胜任特征行为要求进行工作分析来决定所需的胜任特征。情景性面试源于动机理论中的目标设置理论。应聘者的未来行为会在很大程度上受其目标或行为意向的影响。情景性面试的目的是给应聘者设置一系列工作中可能遇到的事情，并询问“在这种情况下你会怎么做”，以此来鉴别应聘者与工作相关的行为意向。进行情景性面试的第一步也是进行工作分析，通过对关键事件分析任务所需的胜任特征而得出应聘者能否胜任未来的工作。由于必须有关键事件，所以情景性面试不适用于变动比较大的工作和过去承担人员比较少的工作。

（6）结构化面试的内容。

① 简历筛选标准。

② 价值需求测评。

③ 经验问话。

④ 文化匹配度。

⑤ 行为面试。

（7）结构化面试的设计步骤。

结构化面试的设计主要包括以下几个步骤。

① 岗位分析。

② 确定测评要素。

③ 面试试题确定。

④ 确定考评标准与考官。

（8）结构化面试的主要环节。

① 开场白，主要目的是营造轻松的面试气氛，告诉应聘者面试中采用的面试方式。

② 主要背景回顾。

③ 行为事件回顾。

④ 附加信息咨询。

⑤ 结束面试。

⑥ 评估。

其中，行为事件回顾是主要部分，面试人员应认真倾听并做好记录。

（9）结构化面试存在的问题。

① 考官对应聘者评分标准不统一。在面试的过程中，考官由于自身所处职务、人生经历、性格等方面的原因，对评分标准理解不同，带有主观性。评分标准缺乏稳定性，影响了整体评分结果的可靠性和公平性。

② 考官组成结构的不合理。考官应该由人力资源部、用人部门的人员组成，必要的时候还需要相关专家顾问参与，在各方面人员的参与下，协作分工，才能体现考官各司其职的专业性。而企业在对毕业生进行面试的时候，考官组成基本上是企业人力资源部成员，并且部分考官对专业知识的把握往往不够准确。毕业生刚刚走出校门，在进行面试的时候通常是理论知识比较强，实践能力相对较弱，如果考官只由人力资源部的人

员组成，在面试过程中往往会吸纳理论比较强但工作能力较差的人员，会给企业带来负面影响。

③ 面试过程程式化，缺乏灵活性。考官在面试的时候，由于问题是提前设计好的，且时间也被限制，谈话更多的是围绕已定问题来进行的，这样严格的面试过程必然会比较机械、不自然。对于更深入地了解毕业生应聘者的思想和内心活动几乎是不可能的。考官在对毕业生应聘者提问题的时候不考虑毕业生的实际情况，问题简单、直观，缺乏必要的设计，甚至会超出他们的能力范围。大学毕业生刚走出校门，是一群朝气蓬勃的群体，对未来充满希望，对工作会有很强的责任心，一个唐突的问题可能导致企业白白失去一个很好的人才，从而带来损失。

（10）结构化面试的注意事项。

结构化面试不同于传统的面试法，它由一系列连续向某个职位的应聘者提出的、与工作相关的问题构成。

1）结构化面试前的准备时间比传统面试要长，有许多工作需要筹备。

① 考试场地的布置安排。这可以反映企业文化，体现组织的管理水平，给应聘者以企业的初步印象，也会影响到应聘者对企业的接受程度。

② 面试前，要准备充分材料，包括应聘者的个人资料、结构化问题表、面试评分表、面试程序表。

③ 面试时间的合理确定。要使考官既能够充分获取应聘者的真实信息，又能够控制面试成本。一般来讲，每个应聘者都会有应对面试的心理准备，而他们的心理警觉期在 20～30 分钟，如果超过这个时间段，人的心理警惕度会降低，因此，面试时间较长对发现问题比较有利。每人每次的面试时间可安排在连续 40 分钟以上，如果可能的话，公司可安排几轮面试。

④ 考官的协作分工。考官应包括人力资源部的人员、用人部门的人员，有时还需要有顾问专家的加入。人力资源部的人员负责工作、学习经历、薪资、福利、求职动机等一般事项的考查；用人部门的人员负责技能、知识、工作经验等专业业务方面的考查；顾问专家则针对特殊项目进行考查。

2）结构化面试过程中，有效信息的获取、传递。考官适度诱导应聘者提供与工作相关的信息。考官在提问时，应对应聘者的回答采取开明接受的态度，定期地发出信号，如点头、微笑等以表明对应聘者的谈话很感兴趣。考官还应控制面试的进度，确保应聘者在合理的时间内回答问题。在有必要了解具体情况时，可让应聘者做出详细的描述。考官应提供关于组织和工作的恰当信息，一般在应聘者的必要信息已被全部收集后进行，这包含着积极和消极的信息。考官应诚实地回答应聘者所提及的关于组织和工作的任何问题，这将有助于选聘过程的双向选择。

3）面试成绩的评定及统计。面试结束后，可通过最终评分法或一问一评法对成绩加以评定，可以采用按预定标准将得分简单相加得出分数，或按反映每个属性的相对重要性（在工作分析中具体规定了每个属性的相对重要性）对得分进行加权求和得出分数，也可以按照考官的权威程序对得分进行加权求和得出分数。在按照工作所需要的每个属性来评价应聘者时，不仅要比较总体的得分，还要关注属性是否具有可补偿性。也就是说，有时某种属性的高分可以补偿另一种属性的低分；有时某一方面的熟练精通并不能弥补另一方面的不足，如缺乏与人和谐共处的能力，足可以取消候选人的申请资格，而不管其他能力如何。

4）对考官进行必要的培训。许多研究者认为，一个称职的考官是通过经验的积累而产生的。但是，在有经验的考官之间，对面试结果也常常会出现争议，尤其是传统的非结构化面试，突出表现了对面试结果的不一致性和主观性，而对考官进行培训是减少偏见和误差的有效途径。对考官的培训重点应放在改善考官提问的技巧、倾听的技巧、建立和谐的人际关系的能力，以及对考官演示、反馈能力的培训。经过培训后，可以把这些差异限制在最低的程度，从而提高面试的可靠性和有效性。鼓励考官遵循最优化的程序，以使偏见和误差出现的可能性降到最小。

5）结构化面试的效果评估及改进。结构化面试结束后，还需要对选拔效果进行评估。对所选聘的人进行一段时间的跟踪，以测评面试中的结果与实际的业绩是否具有较高的一致性。通过这种评估，可以发现我们所定的评价指标是否合适，现存的评价方法是否可靠和准确，进而改进评价标准，完善评价方法。

（11）结构化面试的测评要素。

1）一般能力。

① 逻辑思维能力。通过分析与综合、抽象与概括、判断与推理，揭示事物的内在联系、本质特征及变化规律的能力。

② 语言表达能力：清楚流畅地表达自己的思想、观点，说服动员别人，以及解释、叙述事情的能力。

2）领导能力。

① 计划能力：对实际工作任务提出实施目标，进行宏观规划，并制订实施方案的能力。

② 决策能力：对重要问题进行及时有效的分析判断，做出科学决断的能力。

③ 组织协调能力：根据工作任务，对资源进行分配，同时控制、协调群体活动的过程，使之相互配合，从而实现组织目标的能力。

④ 人际沟通能力：通过情感、态度、思想、观点的交流，建立良好协作关系的能力。

⑤ 创新能力：发现新问题、产生新思路、提出新观点和找出新办法的能力。

⑥ 应变能力：面对意外事件，能迅速地做出反应，寻求合适的方法，使事件得以妥善解决的能力。

⑦ 选拔职位需要的特殊能力（该能力测评要素根据不同职位要求确定）。

（12）结构化面试的优点。

结构化面试有很多优点，如内容确定、形式固定，便于考官面谈时的操作；面谈测评项目、参考话题、测评标准及实施程序等，都是事先经过科学分析确定的，能保证整个面试有较高的效度和信度；对于有多个应聘者竞争的场合，这种面试更易做到公平、统一；面试要点突出、形式规范、时间紧凑、结果高效，能更加简洁地实现目标。

在比较重要的面试场合，如录用公务员、选拔管理人员、领导人员等，常采用结构化面试。

（13）结构化面试的四类问题。

① 情景问题：提出了一个假设的工作情景，以确定应聘者在这种情况下的反应。

② 工作知识问题：探索应聘者与工作相关的知识，这些问题既可能与基本教育技能有关，也可能与复杂的科学或管理技能有关。

③ 工作样本模拟问题：包括一种场景，在该场景中要求应聘者实际完成一项样本任务，当这种做法不可行时，可以采用关键工作内容模拟。

④ 工作要求问题：旨在确定应聘者是否愿意按照工作要求去做。例如，考官可能问应聘者，是否愿意从事重复性工作或迁往另一城市。这种问题的性质是实践工作的预演，可能有助于应聘者自我选择。

（14）结构化面试的备考方略。

俗话说："凡事预则立，不预则废。"要想取得结构化面试的胜利，必须做好充分的准备工作，这些准备工作通常有以下几个方面。

1）心理准备。对于多数应聘者，尤其是缺乏实际经验的应届毕业生来说，面对略带神秘的公务员面试，会产生紧张、焦虑等心理，这是正常的现象，但是必须要学会自我调适。应聘者可以从生理和心理两方面进行调节，争取能够以充沛的精力和良好的心态去迎接面试。

2）形象准备。考官对应聘者的第一印象就是整体的形象，因此，应聘者的形象准备也是非常重要的。形象准备就是装扮自己，这种装扮应该自然、得体、大方，而不要刻意雕琢、矫揉造作，要与自己的形象、气质、身份相协调，从而给考官留下良好的第一印象。

3）知识和能力准备。面试是没有范围的，但这并不意味着面试无法准备。针对结构化面试的测评要素进行有针对性的知识和能力训练是备考面试最关键的内容。这方面的训练可以由应聘者自己通过反复的研习和演练进行，也可以通过参加社会上的培训班进行。在选择培训班时，应聘者要以培训师资的水平和实战经验作为参考标准。

4）应试技巧。公务员录用面试时间通常控制在 20 分钟以内，在如此短暂的时间里要给各位考官留下良好的印象，应聘者需要掌握以下几个方面的技巧。

① 谦逊有礼的态度。应聘者从进入面试考场到面试完毕都要礼貌待人，给考官留下良好印象。当进入考场时，应聘者应主动向考官问好，但礼貌地表达要适度；过于拘谨会显得紧张或不自信；过于夸张则会显得言不由衷，都会影响考官对应聘者的看法。

② 正确有效的倾听。优秀的谈话者都是优秀的倾听者。虽然面试中发问的是考官，应聘者的答话时间比问、比听的时间多，应聘者还必须做好倾听者的角色。因为在考官讲话时留心听，是起码的礼貌，考官刚发问就抢着回答或打断考官的话，都是无礼的表现，会令考官觉得你不尊重他。

③ 冷静客观的回答。面试的主要内容是“问”和“答”，在面试中，考官往往是千方百计“设卡”，以提高考试的难度，鉴别单位真正所需要的人才。在具体面试时，应聘者若遇到不熟悉或根本不懂的问题时，一定要保持镇静，不要不懂装懂、牵强附会，最明智的选择就是坦率承认自己不懂，这样反而能得到考官的谅解。面试中，应聘者也会遇到一些过于宽泛的问题，以致不知从何答起，或对问题的意思不甚明白。此时，应聘者决不能“想当然”地去理解考官所提的问题而贸然回答，一定要采取恰当的方式搞清楚，请求考官谅解并给予更加具体的提示。

④ 合理控制时间。超时是严重的“犯规”（考官通常不会允许），时间剩余太多则会显得回答不充分，因此要科学部署时间。通常每个问题的时间在 5 分钟以内，最好的时间分配是，准备作答控制在 1 分钟以内，回答 3 分钟左右。当然，具体的时间分配还要根据每个题目的要求来定，例如，在考试中可能出现如下试题：“请做自我介绍，时间 1 分钟”“请以‘奋斗’为题作 5 分钟的演讲”“请介绍你自己，时间为 3 分钟”。俗话说：“勤能补拙是良训，一分辛苦一分才。”应聘者要想取得面试的成功，就要从现在开始好好学习，不断积累各个方面的知识，提高自身的综合素质和能力。

⑤ 增进交流，把握言语技巧。结构化面试实际上是应聘者和考官面对面的交流，所以在回答考官问题时，怎样将话说得得体非常关键。

（15）结构化面试的过程。

结构化面试的过程是由开始、中间的能力评估、结束三个部分组成，从而形成一套完整的招聘方式。

面试的开始部分不容忽视，要选择适当的地点，有一个好的开场白，缓和一下面试的气氛。负责面试的考官可以先作自我介绍，然后对应聘者表示感谢，要表现得热忱、友善，避免应聘者过度紧张，再由寒暄逐步转入正题。

在企业中，对于招聘普通的员工（除高层管理者外），一般都需要考查应聘者的沟通与说服力、人际关系及团队合作的技巧、动机与价值观、专业技术知识与技能。这是面试的中间环节，即能力评估环节，也是最重要的一个环节。沟通与说服力，就是评价应聘者的语言沟通能力，通过与应聘者的交谈，便可做出大概的评估，可分为出色、可接受、不可接受三种评价的标准。如果要招聘营销人员，则可以用角色扮演的方式，来考查应聘者的说服力。作为一个项目的负责人，就必须具备推理能力、解决问题的能力、团队合作的能力等。“告诉我你所负责的最复杂或最具有挑战性的项目，并对项目进行简单的描述。”“请讲述一个你解决过的最复杂的问题。”这类实用的问题，有利于对项目负责人进行考查。“请简述你在学校及毕业后的主要业绩”“描述你所发展的最有创造力的思想”等问题，则可以对应聘者的动机及创新能力有所了解。

在面试结束后，要问应聘者是否还有别的问题，并告诉他（她）马上可以得到面试结果，最后不要忘记对应聘者表示再次感谢。

（16）结构化面试的基本原则。

结构化面试作为公务员面试最常见的考查面试，是广大应试者备考的必修课。结构化面试中如何把握要领、运用技巧、获得高分？国家公务员网考试研究专家指导提出了实事求是、随机应变等八大面试原则。

① 实事求是：回答考官的问题要从本人的实际情况出发，正确对待处理考官的发问。实事求是不仅容易在面试中赢得考官的信赖，也是为人处世的基本原则。即使被问及确定回答不出来的问题，坦诚地承认“不知道”并表示歉意，也好过胡乱猜测，妄加评议。

② 随机应变：进入面试考场中，很多人就会很被动，脑子里一片混乱。其实应聘者完全可以主动出击，化被动为主动，将话题的重点转移到自己精通的知识面上，甚至也可以向考官提出一些合理的建议，以显得自己谈吐清楚、头脑灵活、反应敏捷。

③ 逻辑严密：在面试中，没有标准答案，只要能自圆其说，并言之成理都是值得嘉许的。但一定要组织严密且有层次性，忌胡言乱语、随意编造，给自己的面试倒扣分。

④ 推陈出新：前面提到面试没有标准答案，但如果使自己的答案成了千篇一律的标准答案，就突出不了你的个性和特点，也会让考官不胜其烦。推陈出新、别出心裁，会让考官眼前一亮。

⑤ 加深理论：泛泛而谈或单调呆板都显示出应聘者知识的欠缺和理论功底的薄弱。在回答中适当地引用党的方针、政策、国家法律法规、名人名言、具体事例和数据都会使面试增色不少。

⑥ 辩证分析：看问题不能只看一个方面，要用辩证的思维来组织答案，做到客观、公正、公平、高瞻远瞩。避免偏激和强词夺理，使自己陷入自相矛盾的境地。

⑦ 避免诡辩：答辩的最终结果不是为了决一胜负，而是通过答辩的过程向考官展示应聘者个人的才华和魅力所在。一味地诡辩，只会让考官认为你缺乏大度的胸襟，过分骄傲而招致其反感。相反，承认自己不知道，反而证明自己虚怀若谷，有进一步加强学习和上进的强烈要求。

⑧ 态度温和："有理不在声高"，在交谈过程中做到彬彬有礼、不卑不亢、情绪控制极佳的话，考官就能感受到你的含蓄和睿智。即使在连番追问的情况下，也能保持一份自信、从容和淡定，为自己的形象加分。对考官提出的疑难问题应表示感谢，感谢他给予你的表现机会。

以上这些是面试答辩技巧，但面试答辩成功有赖于平时的练习、知识的积累。丰富的文化知识和扎实的理论功底，才是面试成功的"基石"。

（17）结构化面试的决胜因素。

1）充分自信。即要让各位考官相信你是最合适的人选。在面试中，考官也许会喜欢你、欣赏你、承认你的长处，但是不一定录取你。而你的目标不是要做到这些，而是要被录取。作为考官，一般是预先制定好了一套理想人选的条件，然后再逐一检查应聘者，看谁最合适、最能担任这种工作。他们挑选的并不一定是某一方面的天才或专家，而是各种条件的综合考查。

2）展现真诚。即要让考官认为你有诚意做这份工作。即使你最适合做这份工作，但是你对该机构没有诚意，或者在面试时没有表现出诚意，或者让考官认为你没有诚意、不老实，等等，这都不利于你被录取。一般情况下，去面试时，应提前对这份工作做比较详细的了解，如单位的基本状况、工作的性质、管理制度、领导与职工的关系、自己与该单位的协调程度、自己的兴趣等，已经有了一定的了解，可以真切地表明如果没有特殊的变化，应聘者愿意，并且想获得这份工作，即真心实意，有这份诚心。实际上，最关键的是要让考官知道你的真心实意，并且相信你的诚意，让他认为他如果选你做这份工作，你会很乐意地接受这份工作。现实中往往有一些误会，造成一些不好的影响。如面试时表现出一副满不在乎、粗心大意、逢场作戏、骄傲自满的态度，对事业毫不认真，或者让考官认为你是在"骑牛找马"，这样你的条件无论怎样优胜，他们也不会录取你。所以，求职面试的第二个决胜因素是展现真诚。要发挥你的魅力，通过言行表现你的真诚。记住：以诚动人。一个单位聘用你，是因为你对该单位有用、有价值，你加入之后对单位有好处。这个道理看似很明显，也很简单，但在求职面试中，有许多人采取各种各样的形式和方法展示自己，没有注意到被录用以后的价值在招聘中所起的作用，那就是：如果录用我，则对贵单位或机构十分有利。

3）谦虚礼貌。表现无礼是最容易令面试失败的因素。没有老板愿意聘请粗鲁、傲慢、懒散、冲动、不守常理的应聘者。面试时所要求的礼貌，是日常公事之中普通的待人仪态礼节，并不要求谦恭卑下。

4）仪态优雅。

① 进办公室之前先敲门（有公司职员引入的情况例外）。

② 走进室内轻轻关门后，向考官打招呼（如问好）、微笑、照指示坐下。

③ 根据具体情况，一般不需要主动伸出手来握手。

④ 未经许可不得抽烟。

⑤ 尽可能记住每位考官的姓名及称谓（某某博士、某某经理等），不要记错（如把某某小姐错记为某某太太），整个面试过程应保持一种认真、谦虚的状态。

⑥ 考官示意面试结束时，可以表现出一种有信心、活力的状态。

⑦ 微笑、起立、道谢及再见，没有特别的情况时，不用主动伸手来握。

⑧ 交谈中，最好不要打断其他人的说话（特别的情况除外）。

（18）结构化面试的实施程序。

结构化面试的实施程序主要包括选择并培训考官；选择和布置面试考场；面试的具体操作实施三大环节。其中，选择并培训考官、选择和布置面试考场具体内容如下。

1）选择并培训考官。

前面我们已经谈到了考官的构成对结构化面试的重要性，常见的有三种考官的组织形式：第一种是由人事部门负责组织，考官由人事部门工作人员和有关专家组成；第二种是由人事部门人员和用人部门人员联合组成，考官由两家分别按一定比例指派；第三种是用人部门自行组织，考官由本部门选派。无论采取哪种组织方式，考官都是主角。面试前必须对考官进行全员培训，提高他们的操作水平。关于考官的选取，应根据我们前面提到的结构化面试对考官的要求进行严格挑选，要选那些德才兼备的人进入考官队伍。如果考官不是德才兼备的人，我们就很难保证通过面试得到德才兼备的候选人。同时，对考官的培训也是不可或缺的，研究和实践证明，经过培训的考官组不论是评分的信度还是评分的质量都明显比没有经过培训的考官组要高。另外，结构化面试的规范性和程序性要求很高，在面试实施前必须对他们进行集中培训。在公务员录用面试中，为了确保结构化面试的公正公平性，根据实际需要可选择 2 名监督员（由纪检监察或公证部门的同志担任）参与整个面试过程。同时，根据工作量大小，配备一定数额的考务人员，如计分员、监考人员等。

2）选择和布置面试考场。

面试的具体组织实施工作很烦琐，包括面试考场的选择和布置、候考室和考务用品的配备、应聘者的面试通知与联系、事先抽签决定面试顺序，等等。这些工作看起来很不起眼儿，但任何一项工作没做好，都有可能影响面试实施的顺利开展。

选择面试考场的基本要求有四条：①考场所在位置的环境必须无干扰、安静；②考场面积应适中，一般以 30 ~ 40 平方米为宜；③温度、采光度适宜；④每个独立的面试考场，除主考场外，还应根据应聘者的多少设立若干候考室，候考室的选择应与主考场保持一定距离，以免相互影响。

面试考场的布置也是很有学问的，就考官与应聘者的位置安排来说，通常有如下几种模式：①圆桌会议的形式，即多个考官面对一位应聘者；②一对一的形式，考官与应聘者成一定的角度而坐；③一对一的形式，考官与应聘者相对而坐，距离较近；④一对一的形式，考官与应聘者相对而坐，距离较远；⑤一对一的形式，考官与应聘者坐在桌子的同一侧。上述考官与应聘者不同的位置安排，其产生的面试效果是不同的。那么究竟采用哪一种位置好呢？在面试中，如果采用③的形式，考官与应聘者相对而坐，双方距离较近，目光直视，容易给对方造成心理压力，使得应聘者感觉自己好像在法庭上接受审判，会使其紧张不安，以致无法发挥其正常的水平。当然，在想特意考查应聘者的压力承受能力时可采用此形式。像④这样的形式，双方距离太远，不利于交流，同时，空间距离过大也增加了人们之间的心理距离，不利于双方更好地进行合作。如果采用⑤的形式，考官与应聘者坐在桌子的同一侧，心理距离较近，也不容易造成心理压力，但这样考官的位置显得有些卑微，也显得不够庄重，而且不利于考官对应聘者的表情、姿势进行观察。采用①这样的形式，即排列成圆桌形，使应聘者不会觉得心理压力太大，同时气氛也较为严肃。采用②这样的形式，考官与应聘者成一定的角度而坐，避免目光直视，可以缓和心理紧张，避免心理冲突，同时也有利于对应聘者的观察。因此，我们建议在通常情况下最好采用①、②这两种位置安排来进行面试。

（19）结构化面试的面试步骤。

1）构建模型。

① 组建测评小组。测评小组应包含公司高层管理人员、人力资源管理人员、招聘岗位所在部门的主管、招聘岗位的资深任职者，并对测评小组进行培训。

② 从招聘岗位的优秀任职人员中选出一定的人员组成测验样本。

③ 对测验样本进行人格测验，总结各个应聘者的素质特征。

④ 将测评结果进行综合，列出招聘岗位选拔性素质表。

⑤ 将岗位选拔性素质表中的各个素质进行分级，绘制选拔性素质线，构建选拔性素质模型。

2）设计面试提纲。

结构化面试提纲的设计，实际上是结构化面试过程中所要提问的问题的设计，它的主要依据是选拔性素质模型。其主要步骤如下。

① 将选拔性素质模型分解为一组选拔性素质，每个选拔性素质就是一个测评指标。

② 请专家对每个测评指标设计出一系列的问题，并对这些问题进行修改完善，形成问卷。

③ 将问卷发放给该岗位的部分员工，进行预先测验，检验其有效性。若通过检验，则形成最终问卷；若没通过，则重新设计问题，重复本步骤，直至通过测验，形成最终问卷。

④ 编写结构化面试大纲。结构化面试大纲本质上是结构化面试问卷的另一种表现形式。

3）制定评分标准及等级评分表。

首先，以测评指标的等级为横坐标，以选拔性素质线与选拔性素质等级的交点为零点，给指标的各个等级赋予相应的分数，分数越趋于零，应聘者与岗位拟合得越好；其次，汇总各个指标的等级评分表。

4）培训结构化考官，提高面试信度和效度。

① 要求考官具有相关的专业知识，了解组织状况和岗位要求，清楚每个测评指标、测评标准、问卷题目及相关的背景信息。

② 要求考官具有丰富的社会工作经验，善于观察，能客观地记录应聘者在面试过程中的各种反应，把握应聘者的特征。

③ 要求考官掌握相关的人才测评技术，能熟练运用各种面试技巧，随机应变，把握面试的发展方向，不让应聘者偏离测评指标，有效地控制面试局面。

④ 要求考官具有良好的个人品德和修养，能保持和善、公正，避免评价偏差，遵守打分规则，确保应聘者机会平等。

5）面试及评分。

根据应聘者对每个问题的行为反应，考官利用指标等级评分表对其进行评分，评分结果汇总于等级评分表中。

6）决策。

参照模型指标等级得分情况，对比岗位和应聘者的选拔性素质线，为招聘、选拔、安置和晋升进行“人—岗位—组织”匹配的决策。

① 淘汰不具备关键选拔性素质的应聘者。有些选拔性素质经过培训能够提高，如正直、诚信等，通过思想政治教育得到改善；有些则不能，如战略管理能力，这种很难改善的选拔性素质称为关键选拔性素质。

② 对剩下的每位应聘者的指标等级得分做如下处理：求得负分的每个指标得分的平方和 S，并按 S 由小到大的顺序为应聘者编号。S 越小，编号越小，说明应聘者和岗位匹配得越好。

③ 对 S 相等的应聘者做如下处理：先对比其得正分的指标的数目，得正分的指标越多，说明该应聘者越优秀，将其编号排在前面。

④ 对 S 相等，得正分的指标数目也相等的应聘者做如下处理：将得正分的指标得分累加，得分越高，说明该应聘者越优秀，将其编号排在前面。

⑤ 根据人力资源规划中招聘人数的要求，按照小编号优先的原则，从前到后选取一定数量的应聘者作为候选人。

2. 非结构化面试

（1）非结构化面试基本概述。

现代组织越来越重视员工的沟通能力、人际交往能力、团队精神、接受新事物的能力。但是如何才能在很短的时间内让考官了解到应聘者具备这些能力？非结构化面试在这种需求中就应运而生了。非结构化面试是考官与应聘者围绕某一主题随心交谈，让其自由发表意见，在“闲聊”中观察应聘者的组织能力、知识面、谈吐和风度的一种面试方式。现在许多大型企事业单位及公务员在人才招聘中均采用此形式的面试。它比较适用于招聘高、中级管理人员。

非结构化面试可事先准备一些重要的问题，面试中根据情况随时发问。考官可以在不同场合向应聘者提问，要求应聘者用口头语言回答。非结构化面试没有固定的面谈程序，考官提问的内容和顺序都取决于考官的兴趣和现场应聘者的回答。这种面试方法给谈话双方以充分的自由，考官可以针对应聘者的特点进行有区别的提问，不同应聘者所回答的问题可能不同。

（2）非结构化面试的优点。

这种面试方法简单易行，不拘场合、时间、内容，简单灵活，应聘者防御心理比较弱，了解的内容比较直接，可以有重点地收集更多的信息，反馈迅速。

（3）非结构化面试的缺点。

非结构化面试的缺点是结构性较差，缺少一致的判断标准，容易走样，且难以数量化，有时会转移目标。

（4）非结构化面试的信度。

非结构化面试的信度是指非结构化面试这种测试手段不受随机误差干扰的程度，是一种技巧性非常强的人员甄选技术。不同的工作岗位，其工作性质、职责范围、任职资格条件等都有很大差异。因此，非结构化面试的考查内容与考查形式都不能做统一规定，面试题目及考查角度应各有所侧重，不能一概而论。面试内容也因应聘者的经历、背景等情况的不同而无法固定。因此，非结构化面试的内容必须事先依目标拟定，以供提问参照，避免面试偏离岗位任职资格的具体要求。但这并不意味着考官必须按照事先拟定好的题目逐一提问，而是要根据应聘者回答某一问题的情况，顺势追问。也就是说，非结构化面试的内容既要事先拟定，“有的放矢”，又要因人而异，灵活掌握；既要让应聘者表现自己的水平，又不能完全让应聘者海阔天空的自由发挥，应该在恰当的控制下灵活掌握面试主题的内容。

（5）非结构化面试的形式。

① 案例分析。案例分析是指在有限的时间内模拟分析真实的案例问题。案例分析与其他面试形式的最大区别就是它的实践性。考官向应聘者提供一个有关特定问题的信息，由应聘者进行分析并给出结论。应聘者的工作是：首先，基于提供的信息进行合理的假设；其次，向考官提出一连串逻辑性良好的问题，进一步收集信息；最后，做出总结并提出建议。大多数的案例分析并没有特定的正确答案。考官希望通过观察应聘者分析案例的过程，测试应聘者的反应能力和创新能力。如果应聘者能想到考官都想不到的解决方案，即使这个方案并不成熟，应聘者的表现也将属于最出色的。为什么进行案例分析？近年来，招聘单位越来越重视面试过程的实践性，且希望在面试过程中实际模拟日常工作中的重要环节，以测试应聘者的实际能力。这种趋势迫使应聘者在较快时间内提高自己的全面素质。举例来说，民生银行的招聘原则是“重文凭，不唯文凭”。民生银行认为，学历可以反映一个人知识的结构，却无从考查他的实际工作能力。民生银行在中国人民银行招聘考试中发现有这样一种倾向，往往考试成绩好的人，在实际工作中处理问题比较有局限性。这未必是普遍规律，但这样的问题确实存在。有些人可能基础学历相对较低，但应变能力、开拓业务能力很强。基于此，民生银行非常看重应聘者的悟性。这主要是通过面试中的谈话，特别是会设置一些案例，让应聘者给出解决方案。通过案例分析能真实准确地看出应聘者的反应能力和潜质。

② 脑筋急转弯。脑筋急转弯主要考查应聘者的逻辑思维能力。随着社会的发展、面试结构的不断完善，脑筋急转弯将被越来越多地用到面试中。应聘者是否具备快速的反应能力和逻辑思维能力，通过脑筋急转弯可以很快地检测出来。

③ 情景模拟测试。情景模拟测试是一种非常有效的方法。它是将应聘者放在一个模拟的真实环境中，让应聘者解决某方面的一个“现实”问题或达成一个“现实”目标。考官通过观察应聘者的行为过程和达成的行为结果鉴别应聘者处理工作的能力、人际交往能力、语言表达能力、组织协调能力、考察事务能力等综合素质能力。

（6）非结构化面试的信度偏差。

非结构化面试的信度是很高的，但是其在面试过程中不可避免地会出现一些问题，这些问题在一定程度上影响了面试结果的准确性。

① 主观性强。短短的 30 分钟左右的时间，对于考官全面深入地了解应聘者是不可能的。在面试资料中，只有姓名、性别、学历、年龄、工作时间及以前的工作表现等基础信息，即使还有案例分析等，对人员筛选来说也是不够的。招聘单位往往通过面试时对应聘者的主观印象做出判断，这种判断的客观性和准确性是值得怀疑的。面试资料所反映的只是应聘者的某个方面、某个属性，而每个应聘者个体都是立体的、动感的，是由多方面组成的，其中每个方面、每个属性都会对其本人在以后的工作表现中有不同的影响。

② 考官经验不足。非结构化面试是考官通过谈心的方式了解应聘者的多种能力。对于这种方式，需要富有经验的考官来掌握，而在现实运用中，大多考官缺乏丰富的临场经验，导致面试的效率、质量不高。

③ 容易跑题。通常在非结构化面试中，要求考官要由浅入深，逐渐地了解应聘者深层的潜质，而在一些面试中，应聘双方把面试当成了结构松散的聊天，结果，面试成了一种气氛友好的闲扯，双方都会高兴地离去，但对于应聘者真正的工作能力知之甚少，造成极其优秀的人才被拒之门外，严重影响了面试的信度。

（7）非结构化面试的注意事项。

① 掌握非结构化面试的技巧。由于非结构化面试内容的不固定性及考官与应聘者双向沟通的特点，决定了面试质量的高低在很大程度上取决于考官的经验及提问技巧等。在面试过程中，除了需要注意不同面试阶段的特点，还需要注意面试的提问方式。在大多数情况下，面试提问的指导思想，不是要难倒应聘者，而是通过应聘者回答问题来充分展现其个性优势，测试其素质能力的差异。因此，提问方式必须有利于应聘者充分展示其才华，另外还要有利于对各位应聘者的真实水平进行横向比较。在提问时，应尽量让应聘者“开口”，通过把问题用通俗的语言来陈述，让应聘者理解问题的含义，并且要把握面试的节奏和时间。

② 建立科学的非结构化面试成绩的评价系统。非结构化面试成绩的评价，是面试过程的最后一道程序，也是最为关键和易产生不同结果的阶段。它是考官根据面试过程中的观察与言辞答问所收集到的信息，对应聘者的素质特征、工作动机、工作经验等进行判断的过程。在这一过程中，首先，考官必须做出对应聘者特定方面的判断，如他们的能力、个性品质、工作经验、工作动机；其次，做出对他们的录用建议。对应聘者特定方面的判断将直接影响随后的录用建议和决策。作为考官，应认真研究和掌握面试成绩评定中的各种技术及相关评价手段。在非结构化面试评价中，运用比较多的是面试成

绩评价量表。它是一种比较客观的评价表，常用的如行为定位评价量表，它具有很高的信度和效度。结构化面试有量化的评价标准，很容易被掌握，能使面试评分具有客观性，参照结构化面试，非结构化面试也可以制定一定的评价标准，通过应聘者在回答问题过程中的流利和熟练程度等来进行评分。

一般来说，现在的企业大都采用结构化面试和非结构化面试相结合的方式，以使企业人力资源的多方位开发和管理形成良性循环。

3.1.6 情景模拟测试

情景模拟测试是通过设置一种逼真的管理系统或工作场景，让被试者参与其中，按测评人员提出的要求，完成一个或一系列任务。在这个过程中，测评人员根据被试者的表现或通过模拟提交的报告、总结材料为其打分，以此来预测被试者在拟聘岗位上的实际工作能力和水平。情景模拟测试主要适用于管理人员和某些专业人员。常用的情景模拟测试有以下几种。

1. 文件筐作业

将实际工作中可能碰到的各类信件、便笺、指令等放在一个文件筐中，要求被试者在一定时间内处理这些文件，相应地做出决定、撰写回信和报告、制订计划、组织和安排工作。考查被试者的敏感性、工作独立性、组织与规划能力、合作精神、控制能力、分析能力、判断力和决策能力等。

2. 无领导小组讨论

安排一组互不相识的被试者（通常为 6~8 人）组成一个临时任务小组且不指定任务负责人，请大家就给定的任务进行自由讨论，并拿出小组决策意见。测评人员对每个被试者在讨论中的表现进行观察，考查其在自信心、口头表达、组织协调、洞察力、说服力、责任心、灵活性、情绪控制、处理人际关系、团队精神等方面的能力和特点。

3. 管理游戏

以游戏或共同完成某种任务的方式，考查小组内每个被试者的管理技巧、合作能力、团队精神等方面的素质。

4. 角色扮演

测评人员设置一系列尖锐的人际矛盾和人际冲突，要求被试者扮演某一角色，模拟实际工作情景中的一些活动，去处理各种问题和矛盾。

情景模拟测试能够获得关于被试者更加全面的信息，对被试者将来的工作表现有更好的预测效果，但其缺点是对于被试者的观察和评价比较困难且费时。

3.1.7　评价中心

1．评价中心概述

评价中心是在第二次世界大战后迅速发展起来的，它是现代人事测评的一种主要形式，被认为是一种针对高级管理人员的最有效的测评方法。一次完整的评价中心通常需要两三天的时间，对个人的评价是在团体中进行的。被试者组成一个小组，由一组测评人员（通常测评人员与被试者的数量比为 1∶2）对其进行包括心理测评、面试、多项情景模拟测试在内的一系列测评，测评结果是在多个测评人员系统观察的基础上，综合得到的。

严格来讲，评价中心不是一种具体的方法，而是一种程序；不是空间场所、地点，而是组织选拔管理人员的一项人事评价过程。它由多个测评人员，针对特定的目的与标准，使用多种主客观人事评价方法，对被试者的各种能力进行评价，为组织选拔、提升、鉴别、发展和训练个人服务。评价中心非常注重情景模拟测试，在一次评价中心中包含多个情景模拟测试，可以说评价中心既源于情景模拟测试，又不同于简单的情景模拟测试，是多种测评方法的有机结合。

评价中心具有较高的信度和效度，得出的结论质量较高，但与其他测评方法比较，评价中心需要投入很大的人力、物力，且时间较长，操作难度大，对测评人员的要求很高。

人的行为和工作绩效都是在一定的环境中产生和形成的。对人的行为、能力、绩效等素质特征的观察与评价，不能脱离一定的环境。所以，要想准确地测评一个人的素质，应将其放入一定的环境系统中，观察、分析、评定被试者的行为表现及工作绩效，从而考查其全面的素质。基于这种理论，人们逐步形成和发展了评价中心这种现代人才测评的新方法。

2．评价中心的特点

（1）针对性。评价中心模拟特定的工作条件和环境，并在特定的工作情景和压力下实施测评。根据不同层次人员的岗位要求和必备能力，设计不同的模拟情景，具有很强的针对性，避免“高分低能”倾向。

（2）全面性。评价中心突出的特点之一是多种测评技术与手段综合运用，不仅能很好地反映被试者的实际工作能力，还可以测评其他方面的各种能力和素质。

（3）可靠性。评价中心由多个测评人员分别对被试者给予评价，减少了因被试者水平发挥不正常或个别测评人员评价偏差而导致的测评结果失真。每项测验后，请被试者说明测验时的想法，以及处理问题的理由。在此基础上，测评人员进一步评定被试者处理实际问题的能力和技巧，使评价结果的可靠性大大增加。

（4）动态性。将被试者置于动态的模拟情景中，模拟实际管理工作中瞬息万变的情况，不断对被试者发出各种随机变化的信息，要求被试者在一定时间和一定情景压力下做出决策，在动态环境中充分展示自己的能力和素质。

（5）预测性。评价中心具有识才于未显之时的功能，模拟的工作环境为尚未进入这一层次的人员提供了一个发挥其才能与潜力的机会，对于测评人员的素质和能力具有一定的预测作用。同时，评价中心集测评与培训功能于一体，为准确预测被试者的发展前途，并有重点地进行培养训练提供了较为有效的手段和途径。

3．评价中心的过程

在通常情况下，评价中心要使用 4~6 种测评方法和练习来进行测评。实施过程需要 2~3 个阶段完成。测评人员由组织内部经验丰富的上级主管和经过专门训练的专家组成。下面介绍一个比较典型的评价中心的测评日程及内容。

第一阶段：情况介绍。简要介绍测评的程序和安排，说明测评中的注意事项、评价中心的流程和要求，为正式开展测评做准备。

（1）面试。由测评人员通过与被试者的交谈、问答、观察，评价被试者的言谈、举止、气质、风度等外部行为特征，表达能力、应变能力、自信心和控制力等智能要素，以及工作动机、工作和学习经历、个性与追求等内容，对被试者进行初步评价。

（2）管理游戏。游戏的题目是“组建新的集团公司”。将被试者按 4 人一组分成几个小组，形成若干个公司董事会，给各个董事会一些关于市场状况和本公司下属各单位情况的资料，要求他们研究确定进行内部结构调整优化的目标，并做好计划与组织工作。与其他公司董事会进行谈判，转让影响公司发展的部门，买进本公司需要的企业或单位（或控股权），完成调整任务，组建一个结构合理、有发展潜力的新的集团公司。

（3）案例分析讨论。讨论的题目是“管理问题”。测评人员给 4 人小组提供 4 个不同类型的小型案例，分别考查被试者不同方面的能力，如决策、计划、组织、控制、激励、创新等能力。要求他们作为企业的高级管理顾问，在 1 小时内分析、讨论、解决案例中所提出的问题，形成一致意见，并提交书面建议。

（4）角色扮演。主题为“研究预算”。被试者被告知自己刚刚被任命为部门经理，接替突然因故离职的原部门经理。新任部门经理收到一份简要的情况介绍，内容是最近其前任部门经理拒绝继续给一项研究提供资金的说明，然而项目负责人一直要求部门经理改变这个决定，继续提供资金以便顺利完成该项研究课题。被试者有 15 分钟的时间进行提问，可以深入了解有关这件事情的各种信息，以便发现和分析问题。在此之后的一段时间内，被试者不但要做出具体决策，还要口头说明自己发现问题、分析问题的过程及决策的理由和根据，并回答测评人员提出的各种有关问题。

第二阶段：公文处理。要求被试者模拟某公司的一个部门经理，处理各种信函、报告、备忘录、申请书、电话记录等公文。被试者要浏览所有文件，分清各种工作的重要性和紧迫程度，依次处理，并按照自己的权限情况分别对待：上报上级主管、自行处理、授权下级解决。同时，做好计划、组织、监控工作，使各种文件得到相应的处理。测评人员在观察被试者的公文处理过程和审阅被试者的处理办法及处理意见后，同被试者进行 1 小时的面谈，详细了解其在处理每个公文时的想法和理由，以获得更多的信息。

（1）分角色小组讨论。讨论内容为“薪酬委员会如何为下属加薪”。某公司董事会决定每月拿出 8 000 元钱非指定性地给公司内部 5 个中级管理人员加薪。被试者分别模拟公司各个部门（如生产部门、销售部门、财务部门、人事部门）的主管，组成薪酬委员会，评选出 5 名加薪的中级管理人员。要求各部门主管尽最大努力为本部门的人员争取到这个奖励，并且在薪酬委员会中发挥作用，使薪酬委员会最合理、最有效地分配这项奖励基金。

（2）无领导小组讨论。讨论内容为“财务问题”。被试者作为某食品公司的高级顾问，去帮助解决两个问题：其一，该公司一个分支机构由于财务混乱，出现资金流失问题；其二，根据该公司的财务状况和市场调查报告，是否应该扩大生产规模，怎样筹集扩大生产所需资金。首先，测评人员给出该公司的各种财务资料和其他有关信息，要求被试者提出解决问题的办法和方案，并分别在 8 分钟内口头说明；其次，将被试者分成小组进行讨论；最后，形成统一的建议报告。

第三阶段：各个测评项目的测评人员集中在一起，研究、讨论每名被试者的评价结果，对每项测评内容的评价形成一致意见后，写出书面报告，对被试者各方面素质和发展潜力进行综合评价。

4．评价中心的优点

（1）突破了传统人才测评的局限，开创了人才测评的新局面。早期的一些人才测评方法，如智力测验、个性测验等具有一定的效果和作用，而评价中心综合了管理学、心理学、社会学、行为科学和人类学等各门学科的最新研究成果，是对传统人才测评思想的重大改进。评价中心主要针对管理人员，注重现场研究和实践性，着重考查被试者解决实际问题的能力，并取得了很好的效果，使人才测评有了新的发展。

（2）测评的效度及测评带来的效益较高。评价中心的每一个情景模拟测试都是从许多实际工作样板中挑选出来的经典，并经过技术处理，使许多与测评内容无关的因素得到有效控制。经过组合加工，还可以把不同时段和不同工作中的活动综合在一起，提高了测评的全面性与准确性。许多研究表明，评价中心是一种很实用有效的选拔管理人才的方法。虽然评价中心这种测评方法对人、财、物和时间的花费稍高一些，但是其测评效度较高，使人才选拔使用的准确性大大提高。人才的合理安排与使用给企业带来的效益是巨大的，远远高于测评过程所花费的费用。

（3）集测评与培训为一体，扩大了测评的功能和用途。一些传统的测评方法往往功能比较单一，而评价中心的测评过程既是一个素质测评过程，又是一个被试者在模拟工作中自我学习、自我提高的锻炼过程。通过信息反馈，测评人员将测评结果，以及不足之处的改进方向告知被试者，使其进一步了解自己、提高自己，将测评过程转入培训过程。

5. 评价中心的不足

（1）与其他人才测评方法比较，评价中心的测评费用较高。

（2）操作难度大，对测评人员的要求很高，必须有相当多的管理经验并受过专门训练。同时，测评需要的案例和材料需要花费相当多的时间和精力。

（3）当模拟工作的内容与实际工作有误差时，测评中的工作能力表现与实际工作能力存在差距。

（4）测评的内容主要是管理技能和某些方面的心理素质，难以全面真实反映被试者的思想品德等内容。

6. 提高测评效度的途径和方法

经过数十年的实践和研究，一些专家找到了提高测评效度的途径和方法。

（1）根据需要测评的素质内容，选择合适的、有针对性的测评方法，并做好相应的题目设计。

（2）尽可能多地采用各种测评方法进行评价。

（3）挑选合适的测评人员，并做好测评人员的培训工作。

3.2 人才测评方法的应用步骤

3.2.1 简历筛选

招聘网站的简历智能筛选功能，能合并重复简历，根据预设的条件，快速过滤无效简历。

3.2.2　选择考试内容

采用科学的手段，所有测评都是基于面向岗位胜任特征模型而设计的，涵盖通用能力、职业素质、专业技能、专业知识等不同测评层面。此外，覆盖 600 多个岗位的胜任特征模型，SHL（人才衡量解决方案的机构）等丰富权威的试题内容，你只需要动动鼠标就可完成组卷，多维度、全方位考核应聘者的素质、能力和岗位技能。

3.2.3　现场/在线测评

依托 ATA 遍布全国的 5 000 家考试服务网点和专业的考试服务团队，以及多年的各类考试运营服务经验，为你提供各种形式的专业测评服务，大大节省你的时间、人力和资金。灵活、便利的考试平台，你可以根据企业需求任意选择在公司、专业考站或其他网上平台进行招聘考试，突破时间、地点和人数的限制。

3.2.4　测评报告分析

通过科学的人才测评体系，按照你的标准选择符合你要求的人才。专业数据挖掘提供最客观的面试参考报告，对应聘者的素质、潜能进行全面评估，并提出详尽的筛选决策及培养激励建议。

3.3　人才测评工具

3.3.1　人才测评工具概述

人才测评工具的主要工作是通过各种方法对应聘者加以了解，从而为企业组织的人力资源管理决策提供参考和依据。帮助企业选择合适的人选，系统地降低错误雇用给用人单位带来的风险。按照麦克利兰的方法，“选才”在个性测试版块整合了 SHL 岗位匹配度测试，以及北京师范大学心理测评与评价研究所研发的 AOP 职场个性测试，通过行为倾向挖掘个体潜能，并预测实际工作绩效。SHL 岗位匹配度测试以全球取样对不同岗位任职者的行为做了访谈和现场观察后，将所有工作都可能涉及的行为分为 8 大类、20 子类及 112 种具体行为。再通过 40 道职业行为测试题，测试应聘者与 8 大维度中最重要的 6 大维度之间的匹配程度，以此来评价应聘者潜能与应聘岗位的匹配程度。这种在国际上被广为认可的多维度人才测评题库资源的植入，为企业实现人岗匹配提供了保障。AOP 职场个性测试作为专门为人才管理设计的诊断型工具，经过企业实践发现并总结了与人才管理有关的一系列核心要素：目标导向、影响感召、耐心合作、精确服从等，再通过对这些方面的针对性评估，清晰勾勒出个体在职场中的各种特点，充分运用于企业经营管理各个层面。

“选才”测评主要测评四个方面的内容：个性特征测试、基本工作能力测试、通用技能测试、岗位技能测试。这四个测试主要针对个人的职业兴趣与职业适应性，即个人适合做何种工作。

“行为特征分析”（Personal Profile Analysis）基于 DISC，展现了四个基本风格，预见应聘者可能的工作表现。利用 DISC 了解个体心理特征、行为风格、沟通方式、激励因素、优势与局限性、潜在能力，等等。

人才测评工具的介绍如下。

1. DISC

DISC 是一种“人类行为语言”，DISC 研究的是由内而外的人类正常的情绪反应。它是一个性格测评，理论起源于威廉·莫尔顿·马斯顿的著作《常人之情绪》。DISC 代表一种可观察的人类行为与情绪，将使你对自己和他人有更深入、具体、完整而客观的了解。目前在国内除了被广泛运用于组织人才测评、招聘、职位调整、领导力提升、建立培训需求，都可基于此开展工作。4 个字母分别代表 4 个类型。

D：Dominance，支配型。

I：Influence，影响型。

S：Steadiness，稳定型。

C：Compliance，服从型。

DISC 的结果描述具有时间上的稳定性，但是缺乏空间上（跨情景）的一致性，不同情景下可能导致与结果描述不一样的行为。

2. 迈尔斯布里格斯类型指标

迈尔斯布里格斯类型指标（Myers-Briggs Type Indicator，MBTI）是当今世界上应用最广泛的性格测试工具。它已经被翻译成近 20 种世界主要语言，每年的使用者有 200 多万，其中不乏世界 500 强大型企业。MBTI 主要用于了解应聘者的处事风格、特点、职业适应性、潜质等，从而提供合理的工作及人际决策建议。在国内主要应用在管理咨询与培训、职业规划、婚姻、学校教育辅导等领域。鉴于其理论深度，作为研究正常人群的性格特征，并预测行为，进行职业规划，有其独到之处。

此测评对于客观认识自我、完善自我会有很大帮助，美中不足的是有时用于职场测评，会显得过于主观。

3．CPI

CPI 是目前国际上一套很有权威性的人格测评。CPI 的应用范围十分广泛：可用于对学业成就、创造性潜能的预测，并可为专业选择提供指导；可用于对应聘者的管理潜能、工作绩效的预测提供参考；可用于招聘员工、规划职业、储备领导、建设高效的组织等。在国外被认为是一项在人员选拔方面有较大潜力的测评。

4．MMPI

MMPI 是迄今应用极广、颇富权威性的一种纸—笔式人格测评，该问卷的制定方法是分别对正常人和精神病人进行预测，以确定在哪些条目上不同人有显著不同的反应模式，因此该测评最常用于鉴别精神疾病。CPI 是由 MMPI 最早的研究成员之一美国心理学家高夫鉴于 MMPI 用于正常人群的局限性而酝酿出来的。

5．OPQ

OPQ（Occupational Personality Questionnaire）基于应聘者的个性和潜在能力倾向、潜在工作行为风格指标进行描述，是招聘领域用得非常多的一个职业性格测评，相信许多人在刚进入企业时做的就是这个测评。它以多个理论模型为基础，获得了很多企业包括 500 强企业的青睐。

6．三维性格动态管理系统

三维性格动态管理系统（Dynamics Personality Assessment，DPA）是基于气质理论结合荣格人格理论的基础开发的，它将人的性格分为 5 大类别：黑桃的军事家、红桃的梦想家、梅花的和平家、方块的建筑家、整合的外交家。DPA 由工作、家庭、个人三个系统组成，多维度的分析能够让人们更好地认识和了解自己，塑造幸福和谐的家庭关系，可以帮助企业老板和高级管理人员提升性格领导力，知人善任的组合与激励不同类型和动力的员工，打造优势动力企业团队，有效降低员工流失率，提升员工忠诚度，激发员工行动力，提升企业绩效。作为运用性格知识优化个人状态、启动人性动力的人才驱动系统，在选拔、招聘、绩效提升、建设团队等方面都有较多的运用。

7．Learning Agility

Learning Agility，即思维敏锐度。它被定义为“从经验中学习并应用到新的情景的能力”，是光辉国际的一个主打系列产品。Learning Agility 作为一个有效衡量潜力的工具往往被运用在人才高潜力发展中，Learning Agility Architect 就将思维敏锐度分为 5 个维度——人际、变革、结果、心智和自我意识，通过 3 种测评 viaEDGE、Choices、Learning from Experience Interview Guide 涵盖了多方面的应用。

8．哈里森测评

哈里森测评（Harrison Assessment，HA）结合了行为理论（Enjoyment- Performance Theory）、矛盾论（“psychological opposites” Theories），设计它的初衷就是帮助企业对人力资本进行最优化配置。HA 衡量 4 个方面的 78 个适合性因素，其中 4 个方面是个性特征、任务喜好、兴趣和工作环境喜好，现在成为选择、招聘和发展领导人 / 经理的一个极好的工具。

9．PDP

PDP（Professional Dyna-Metric Programs），一个行为风格测评，起源于多个经典的诸如“智力理论”“特质理论”等理论和研究。被一些媒体赞誉为现今全球涵盖范围最广、精确度最高的人力资源诊断系统。它通过问卷测试的形式把人的性格大致分成了老虎型、孔雀型、无尾熊型、猫头鹰型、变色龙型 5 种。PDP 在企业的很多方面被应用，而应用相对较广的是在中高层的招聘、团队建设和激励中。

10．FIROB

FIROB 是基本（Fundamental）、人际（Interpersonal）、关系（Relations）、定位（Orientation）、行为（Behavior）首字母的组合，它“探究你与他人互动的典型方式”。FIROB 与包含、控制、情感等三个定位相关。每个定位是人们相对于他人所采取的行为方式的方面。这个行为风格测评从分析人际需求出发，有效地帮助提升人在组织环境内的表现和成长，因此在提升领导力、团队建设、冲突管理、教练辅导方面有着非常好的效果。FIROB 可以与 MBTI、CPI 等工具一起使用。

11．Caliper Profile

Caliper Profile 是 Caliper 的核心测评系统，理论起源来自一句话：“技能能被教授，态度和动机却不能。”针对企业，涉及招聘甄选、员工发展、团队建设及组织发展，涵盖面较广。Caliper 注重产品的研发，探讨能力、个性对工作绩效的影响，测评结果会对个人的自然力量、动机、作为特定角色需要的潜力进行研究，在招聘、人才发展、企业文化方面有着较多的应用。Caliper First Step 作为一个销售和服务潜力的测评也有不错的口碑。

12．Hogan Lead

霍根测评是一套专业的专注于性能相关行为的个性评定工具，是由罗伯特 · 霍根博士在 20 世纪 70 年代发表著名的“Hogan 人格测评”所发展出的。该测评工具被誉为第一个专门针对商业组织应用的人格测评工具。直至今天，仍在为众多企业和组织提供针对人格的测评服务，尤其是在领导力方面的测评。

HoganLead 是霍根测评系列产品中专注于领导力的一个测评，另外还有 Hogan Select、Hogan Develop 等系列测评。作为目前市场上主流的领导力测评，霍根领导力通过分析潜力、挑战、价值观等信息，让领导者清楚地理解他们的工作表现和核心驱动因素，并为他们提供战略层面的自我认识，令良好的领导变成伟大的领导。

13．LEA

LEA（Leadership Effectiveness Analysis）是 MRG（Management Research Group）的领导力测评工具，是 MRG 创始人马奥尼博士在结合心理学和观察企业情景中的领导行为发现的一个效能实现路径。通过诊断评估可以提供清晰的洞察力：指出需要的改变，并且指明改变的方向。该测评专门测评在组织关系中个体行为方式的复杂性和丰富性。通过定义领导者角色的 6 项功能——建立愿景、发展追随力、实施愿景、达成结果、贯彻执行、团队合作，量身定制个人发展计划，真正发挥领导效能。

14．全球思维量表

全球思维量表（Global Mindset Inventory，GMI）由 Thunderbird 下的全球心智研究所（Najafi Global Mindset Institute）推出。此测评衡量智力、心理、社交 3 方面的 9 种能力，旨在帮助培养企业中全球领导者影响个人、团队和组织的能力，摆脱本土化思维，融入全球化环境中。

15．瑞文标准推理测验

瑞文标准推理测验（Raven’s Standard Progress Matrice，SPM）属于非文字智力测验，用以测验一个人的观察力及清晰思维的能力。该测验的理论假设源于斯皮尔曼的二因素理论。该理论认为能力主要由一般因素（G）和特殊因素（S）组成。前者体现在所有的智力活动中，人人都有，水平各异，决定了人的聪明程度；后者则对应各种特定的活动。该测验具有较高的信度和效度，施测时间短，结果解释直观、简单。瑞文标准推理测验经常被用于智能诊断和人才的选拔与培养的辅助测验。此外，也有适合低年龄儿童和智力落后者的彩色推理测验（Raven’s Color Progress Matrice，CPM），以及适用于高智力水平者的瑞文高级推理测验（Raven’s Advance Progress Matrice，APM）。

16．全脑优势测评

全脑优势测评（Herrmann Brain Dominance Instrument，HBDI）由美国的奈德·赫曼博士于1976年在生理学、医学研究的基础上创立，用于测评人的大脑思维偏好。它是至今仍沿用的全脑模型（Whole Brain Thinking）。全脑模型的4种方式为逻辑型、组织型、交流型和空想型。人们有差别明显的方法来认知吸收信息，做出决定和解决问题。一旦一个人了解了他自己的思维风格方式，就可以用来提高沟通能力、领导能力、组织能力、处理问题的能力，以及决策能力。因此，它在个人成长、了解自我、管理、销售、沟通、研发、辅导、教学、设计、教练等多方面都有广泛的应用。

3.3.2 人才测评工具的选择

任何一种人才测评工具在开发时都有一定的目的性。例如，职业兴趣、职业锚是用来帮助人进行职业规划的，MBTI、16PF是人格测评，还有智商测评、能力测评，等等。在选择时，应根据自己使用测评的目的，考虑对方提供的测评的应用范围能否与自己的目的相吻合。如果对方提供的测评是大而全的东西，即什么都可以做，那你直接将那份资料扔进垃圾箱就可以了。全面测评心理特征涉及职业性格、职业动力、职业兴趣、职业锚（职业价值观）、管理风格等多个方面的心理特征，涵盖范围广泛。人才测评工具测评常模持续更新，社会在迅速变化，人也在迅速变化，也就是说，测评的目标在不断变化。根据心理测评的要求，一个工具3~5年就更新一次，实际上国外一些优秀的测评公司每年都更新他们的报告及测评的常模。一个成熟的人才测评工具，应该有雄厚的理论基础和应用案例，并在此基础上有完善的测评报告，其中不仅包括基本的测评数据，还包括大量通俗易懂的解释，以及辅助你阅读报告的资料。

3.4 人才测评管理系统

3.4.1 人才测评管理系统概述

人才测评管理系统是运用现代心理学、管理学及相关学科的研究成果，通过心理测评、情景模拟测试等客观化方法对人的能力、水平、性格特征等因素进行测评，并根据职位需求及企业组织特性对其素质状况、发展潜力、个性特点等心理特征做出科学的评价，为企业用人、选人、育人等人事决策提供切实的参考依据。人才测评管理系统对组织经营的成败起关键作用。人才测评管理系统共包含以下6个基本模块。

1．外部招聘

了解应聘者作为管理人员应具备的基本素质特征、管理技能，以及能力水平等综合信息，有效地预测个人在管理工作岗位上的业绩，并辅助企业有针对性地进行下一步面试和考查，为职位找到最合适的人选。

2．评估选拔

全面描述企业内部现有中高层管理人员的管理行为、观念、风格和技巧，分析他们的优势与劣势，为是否进一步培训、是否提升等人事决策提供重要的参考依据。

3．干部储备

预测内部员工在管理方面的潜能和素质，考查其所具备的管理技能水平，为后续培养和发展提供客观的依据和方向。

4．培养发展模块

考查不同管理人员在其相应岗位与任职资格上存在的差距，并根据评估结果制订专项的培养和发展计划。

5．管理层诊断

分析管理层的整体状况，包括年龄、学历、一般能力、管理素质、管理技能及管理风格，有效诊断企业管理人员的平均管理水平、各等级的人数分布等特点，并据此制订有效的培训和发展方案。

6．测评中心

完全开放的测评平台，可以根据需求自由组合，并查看各测评对应的分析报告。

3.4.2　人才测评管理系统测评范围

根据“冰山模型”，将人员个体素质的不同表现形式划分为表面的“冰山以上部分”和深藏的“冰山以下部分”。其中，“冰山以上部分”包括知识、技能，是外在表现，是容易了解与测评的部分，相对而言也比较容易通过培训来改变和发展。“冰山以下部分”包括态度、社会动机、价值观等是人内在的、难以测评的部分，不太容易通过外界的影响得到改变，但对人员的行为与表现起着关键性的作用。人才测评管理系统主要是测评“冰山以下部分”。

3.4.3 人才测评管理系统应用方向及价值

1. 人才测评管理系统应用方向

（1）企业外部招聘。应用在企业外部招聘过程中，可全面评估、排查风险；判断人职匹配度，识别最优秀的人才；招聘到对的人，而非后续改变；提升面试的准确率。

（2）企业内部评估盘点。应用在企业内部评估盘点过程中，可盘点员工素质状况，人职匹配，优化内部人才配置，促进员工自我提升。

（3）企业潜才储备。应用在企业潜才储备过程中，可有效识别高潜人才，深度 Gap（差异）分析，加速储备人才培养。

（4）企业的培训发展。应用在企业培训发展过程中，可精准定位领导力短板，进行培训内容推荐，跟进培训效果评估。

（5）企业内部选拔晋升。应用在企业内部选拔晋升过程中，可以使组织管理者对晋升的候选人进行考查，降低人事决策的风险。

2. 人才测评管理系统的价值

人才测评管理系统的价值，如表 3-1 所示。

表 3-1 人才测评管理系统价值表

价值点	基层员工校园招聘	基层员工社会招聘	基层员工评估盘点	管理层外部招聘	管理层高潜人才储备	管理层培训发展	管理层评估选拔	高层领导力测评
全面评估、识别风险	有效识别高潜人才	预测未来的高绩效员工	盘点员工素质状况	全面评估、排查风险	全面、深入的评估结果	精准定位领导力短板	全面评估、降低风险	招聘适合的人才
降低风险	节约成本	降低风险	优化内部人才配置	判断人职匹配度，识别最优秀的人才	有效识别高潜人才	进行培训内容推荐	人职匹配，优化配置	内部晋升时，选择最适合的人才
提升效率	提升面试的准确率，节省时间	提升面试的准确率，节省时间	促进员工自我提升	提升面试的准确率	深度 Gap（差异）分析，加速储备人才培养	跟进培训效果评估	促进领导力提升	领导力开发、高层团队盘点、高管储备

3.5　人才测评标准体系

人才测评标准是否科学、准确决定了测评结果是否客观。人才测评标准体系包括人才测评指标和人才测评标准两个方面。

3.5.1　人才测评指标

1．人才测评指标的内涵

人才测评指标是衡量和评价与工作有关的个人素质的维度。学者韦祎认为人才测评指标体系是由一群特定组合、彼此间相互联系的人才测评指标组成的，而且每个人才测评指标又有自己的独立性。

2．人才测评指标构建的步骤

（1）明确人才测评的目的。人才测评指标的构建，必须以一定的测评客体为对象，以一定的测评目的为根据。人才测评指标需根据测评客体的特点、测评目的来构建。人才测评客体的特点一般是由行业性质决定的。

（2）确定人才测评指标。根据测评客体的特征与测评目的确定了大致的测评内容之后，需要将测评的内容分解，把它们变成可操作的指标。以工作分析法为例，可以运用工作分析法对工作目标、内容及行为进行分解，把一个工作目标（内容、行为或动作）分解为几个相互联系的子系统，每个子系统下又分若干个子系统，直至每个具体测评项目都能满足可测性的要求为止。

人才测评指标确定的方法有以下几种。

1）工作分析法。工作分析法采用科学的方法收集工作信息，并通过分析与综合所收集的工作信息找出主要工作因素，为工作评价与员工录用等提供依据。具体操作步骤是：①根据测评目的与工作要求，确定需要调查的职位范围，制订调查提纲与计划；②采用一定方法广泛收集有关职位任职者的主要工作要求与工作内容素材；③通过一些方法（定性）筛选，形成内容全面的素质调查表，包括品德、职能、知识、经验与资历等方面的调查内容；④在更大的范围内进行调查，要求被调查者对调查表上的素质内容进行评价、补充；⑤对调查结果进行多元统计分析，筛选主要素质测评项目；⑥对筛选出的主要素质测评项目进行测试或专家咨询，以保证素质测评目标的质量。

2）素质结构分析法。素质结构分析法就是从素质结构本身的分析入手，确定素质测评的内容、目标与指标。在实际测评过程中运用这种方法，其指标的规定更为细致、具体，并且有很强的针对性。

3）榜样分析法。榜样分析法又叫标杆分析法，是指将从事该项活动最佳者进行比较，从而提出行动方法，以弥补不足。具体操作步骤是：①明确测评的目的与对象；②依据测评目的与对象的特征选择典型榜样；③选择适当的分析方法，对榜样做透彻全面的分析，关键是要在众多的特征中找出最主要的特征，以及寻找最为客观的标志。

4）培训目标概括分析法。在各类组织人员培训机构的培训目标中，往往蕴含着各种各样的素质培养目标的素材，这些目标也可以作为素质测评的指标。

5）价值分析法。根据各种素质在实际工作中的作用，划分为非具备不可、非常需要、需要但要求不高三大类。依次找出这三大类素质，形成相应的指标。

6）文献查阅法。通过查阅相关学科的文献资料来总结我们所需要的测评目标。

7）历史概括法。把历史上那些成功的、失败的且被证实过的一些人物的素质收集起来，作为正向测评指标与反向测评指标，也包括对那些历史上用过且被证明有效的测评目标的收集与分析。

8）专家法。首先，邀请一些与素质问题研究有关的专家、学者或管理人员，让他们进行头脑风暴，提出各种各样的见解，互不干涉他人的观点；其次，综合专家们的意见，并且进行综合分析，从中选出最优的人才测评指标。

（3）确定人才测评指标结构。在人才测评指标构建的过程中，需要具有一定的层次结构。如上述工作分析法分解工作目标的过程中，第一、二、三分析层次的各个项目分别称为一级指标、二级指标、三级指标。其中，一级指标表示测评对象的总体特征，二级指标反映一级指标的具体特征，三级指标说明二级指标的具体内容。

（4）筛选人才测评指标。对每个人才测评指标，都必须认真分析研究，界定其内涵与外延，并给予清楚、准确的表述，使测评人员、被试者及第三者均能明确测评指标的含义，使指标具有明确性。指标的表述特别要注意不要有歧义。此外，还要分析人才测评指标的整个内涵，删除那些内容上有重复的指标。筛选优良的人才测评指标一般从人才测评指标的实际价值和可行性两个方面进行考查。

具体来讲，可以从以下几个方面进行校验：①保留这个人才测评指标并进行测评在逻辑上是否可行？②所需要的数据结果及行为表现是否可以从这个人才测评指标中得到，或者在测评人员与被试者双方经过合理的努力之后是否能够得到？③实施这个人才测评指标的条件是否具备？④这个人才测评指标的保留有无充分的价值，是否能保证有理由使用其结果？

（5）确定人才测评指标权重。我们需要对处在不同地位、有不同作用的人才测评指标，进行恰当的分配与确定不同的权重。

权重的数值形式有两种：①绝对权数，即分配给人才测评指标的分数，一般为绝对数量；②相对权数，即某个人才测评指标在总体中的比重值，一般为相对数量。

权重的分配形式主要有：①纵向加权，对不同的人才测评指标给予不同的权数值，其目的是使不同的人才测评指标的得分可以进行纵向比较，或者说使不同的人才测评指标的分数计量单位相等；②横向加权，给每个人才测评指标分配不同的等级分数，其目的是使不同的测评客体在同一人才测评指标上的得分可以进行比较；③综合加权，纵向加权与横向加权同时进行，其目的是使不同测评客体在不同的人才测评指标上的得分可以相互比较。

（6）规定计量方法。任何一个人才测评指标的计量，均由两个因素决定：一是计量等级及其对应的分数；二是计量的规则或标准。为了使测评的结果规范化、统一化，计分简单化，便于计算机处理，可以采取统一的分等计分法。

（7）评估人才测评指标。人才测评指标在大规模地实施之前，必须在一定范围内进行测试，同时还要按照测评学的标准对整个人才测评指标进行分析、论证、检验并不断修改，进一步完善，以保证其可靠性和有效性。

3. 人才测评指标的模式

（1）个性理论模式。这是一个理论模型，是以心理学的个性理论作为理论分析的依据，制定出符合测评对象的特点、包含测评对象个性所有方面的要素体系。它是个性—工作环境—工作成绩的连续体。它将人的个性概括为三个方面，即个性倾向性、个性可靠性及个性行为风格。人处在社会组织中受内部环境和外部环境两个方面的影响。人的个性和环境因素相互作用的结果形成工作成绩，对工作成绩的了解可以对人的思想状况和能力水平做出恰当的评价。

（2）德能勤绩模式。“德”指遵守法律法规，“德若水之源，才若水之波”，要尊重领导、顾全大局、团结协作、廉洁自律、谦虚谨慎、注重礼仪，能够时刻维护集体形象、企业形象、个人形象；“能”指学习法律法规，学习方针政策，学习专业知识，学习为人之道，学习谋事之术，学习历史，学习技能；“勤”指勤奋工作、勤俭节约，把事业当天职，视懒惰为耻辱，积极做到手勤、腿勤、嘴勤、脑勤，以勤补拙、以勤养德、以勤修身、以勤求绩、以勤立信、以勤做人；“绩”指成果和业绩，靠成绩展示能力、表现水平、塑造自我，不仅愿想愿说愿做，而且敢想敢说敢做，还要会想会说会做，更要正想正说正做。用拿得出、看得见、摸得着的绩效，取得受人信任、支持、理解、尊重的资格，用领导肯定、同事认可、下级满意打造自己工作、学习、生活的发展空间。

（3）陆氏模式。上海交大陆红军教授认为，人才测评要素按其特定的相互关系组合而成。要素体系包括素质结构、智力结构、能力结构、绩效结构，以及各结构所属要素。

3.5.2 人才测评标准

1. 人才测评标准的内涵

人才测评标准是一个集合概念，它对人才测评对象内在素质的测评，起着标尺作用。素质的特征只有通过人才测评标准，或者把它投影到人才测评标准中，才能表现它的相对水平与内在价值。人才测评标准及其分数等级、评语，在人才测评过程中，发挥了一种价值等价物的作用，它一般由标准、标度和标记三个要素组成。所谓标准，是指人才测评标准的内在规定性，常常表现为各种素质规范化行为特征或表面的描述与规定。所谓标度，即对标准的外在形式划分，常常表现为对素质行为特征或表现的范围、强度和频率的规定。所谓标记，即不同标度（范围、强度和频率）的符号表示，通常用字母、汉字或数字来表示，它可以出现在标准中，也可以直接说明标准。标记没有独立意义，只有当它们与相应强度或频率的标度相联系时才有意义。

2. 人才测评标准建立的步骤

（1）明确测评的客体与目的。人才测评标准的制定，必须以一定的测评客体为对象。测评客体的特点不同，测评标准就不同。即使同一测评客体，若测评目的不同，则所制定的标准也不尽相同。测评客体的特点一般由行业性质决定，工人测评的标准显然不同于科研人员测评的标准，选拔性测评的标准显然要区别于配置性测评的标准。

（2）明确测评的项目和关键因素。当我们根据人才测评的客体特征与测评目的确定了测评内容之后，需要将测评的内容标准化。把它们变成可操作的标准化过程有以下几种方法。

①工作目标因素分析法。这种方法是运用工作分析法对（职位、职务）工作目标进行分解。所谓目标分解，就是把一个工作目标分解为若干个子目标。

②工作内容因素分析法。这种方法是把工作分析法运用于工作内容的结构分析。把每个职位（职务）工作的活动，按内容归类，确定出几个主要方面，并由此决定测评的项目。

③工作行为特征分析法。这种方法是把工作分析法直接运用于分析每个职位（职务）工作行为的特征，从行为特征中找出人才测评的主要项目。

3.6　游戏化测评技术

3.6.1　游戏化测评技术的内涵

游戏化测评技术是一门新兴技术，目前学术界和企业界未有定论。哈菲·马兹等指出游戏化测评技术包括一系列受游戏设计研究启发的测评技术；罗曼指出游戏化测评技术是一种识别、吸引和留住人才的创新手段，可以创新地获取员工个人潜力指标，是提高组织吸引力和员工留职率的有效手段；阿姆斯特朗认为游戏化测评技术不是单独的测评预习，而是将游戏思维、游戏元素及游戏机制添加在现有的测评技术中，从而提高测评的有效性；李志等认为游戏化测评技术是伴随着“互联网+”、大数据时代的发展而出现的一个新兴交叉领域，“游戏化+测评”正逐渐成为未来人才测评的一个重要趋势。

游戏化测评技术的理论依据是刺激—行为表现—素质特点（Stimulate-Representation-Trait，S-R-T），即通过对测评对象施加行为刺激，观察测评对象在特定情景中的行为表现，来推断测评对象的素质特点。游戏化测评技术是根据人工智能、互联网、大数据及“千禧一代”人才的游戏化特征而发展出的研究领域。游戏化测评技术是指将游戏设计元素应用于非游戏的情景中，以此吸引、激励人们参与活动进而引导人们的行为模式。通过对人才测评进行游戏化、与传统人才测评技术结合并有效屏蔽传统测评技术的僵化、模式化的不足，游戏化测评技术可以应用于游戏化管理、游戏化培训、游戏化营销、游戏化产品开发等。

3.6.2　游戏化测评技术的形式

1. 模拟经营类游戏测评

模拟经营类游戏测评是以公司经营情景为模型，将经营目标、流程、决策等过程，与虚拟的任务角色相结合，在测评中，记录和分析参与者的能力素质倾向及预期表现，并提出建议。

2. 个人体验类游戏测评

个人体验类游戏测评以参与为主，有紧张、刺激的情节，具有快速运动的特点，如射击类游戏测评《America’s Army》，通过跟踪招募的新兵在沉浸式的虚拟式环境中的情感变化等数据，来度量测评者对美国军方产生的情感变化，提高美国军方吸引高素质军人的能力，也可以跟踪新兵的能力指标，新兵一系列隐性的能力素质被识别出来并形成报告。

3. 题库类型测评

题库类型测评是将心理测量指标与测评游戏相结合，考查测评对象的能力素质和潜质，最终得出评价分数和报告。例如，联合利华公司在 2017 年招聘中引进了 Pymetrics 测评工具，测评对象需要完成气球充气、金币交换、数字记忆、卡片抽取等 12 个游戏，完成游戏后系统会生成详细的性格分析报告，并匹配出适合的职业等，招聘者可以据此快速辅助决策。

4. 项目竞赛类游戏测评

项目竞赛类游戏测评以竞赛形式，将奖励、目标等关联，测评对象可以通过参加竞赛来证明自己的能力。如 Interview Street 的在线编程挑战平台，测评对象可以自愿选择要参与的项目，根据存储编程中测评对象编译的修改次数，形成分析数据和结果报告。再如万豪酒店开发的模拟经营游戏《My Marriott Hotel》、用友开发的商战游戏、Google 公司的项目竞赛游戏《Google Code Jam》、腾讯公司的项目竞赛游戏《校园编程马拉松》等。

3.7 在线人才测评

人才测评技术在经历了一百多年的发展后，随着网络化的发展，在线人才测评风生水起，尤其是在职业发展、职业咨询和人员安置咨询领域等都有很高的运用频率。在线人才测评与传统笔试、面试等测试比较，充分发挥了互联网信息传播速度快、运作成本低、运作方便等优势，克服了传统测试成本高、周期长、数据统计复杂，以及信息反馈烦琐等缺点。在线人才测评集岗位胜任力分析、性格价值观测试及测评信息反馈功能于一体，主要有素质模块、动机测试、专业知识和经验能力测试、人格测试、职业价值观测试、评价中心、创造力测试、人际沟通风格测试。

目前，在线人才测评主要有 T12 职业测评系统、16PF、EPQ、瑞文推理测验、KENNO 投射测验、TKI 冲突模型测验、管理能力测验、职业倾向测验、成功商数测量等。主要目标是测量个人能力（知识面、智力、管理能力、专业技能等）、个人品质（情绪的稳定性、决策的果断性、独立性、活泼性、责任心等）、个人职业兴趣与职业适应性，即个人适合做何种工作。

在线人才测评特别强调测验的标准化（测验条件、内容、指导语、程序等的标准化），让不同的测验对象在标准化的条件下接受测验。在线人才测评也强调评价的客观性，即对测验结果的评分应不受评价者主观意志的影响，不带偏见。在实际运用中，在线人才测评和其他测量工具一样，需要特别注意信度和效度的关系。其中，信度指的是测量的可靠性或一致性，即一个人在一段时间前后进行的两次测验结果之间的差异必须在一定的范围内，超过一定限度，测验的可靠性就很差；效度指的是测量的有效性或正确性，即测验必须测量到它想要测量的东西，否则就无效。

第 4 章
人才测评应用

本章思维导图

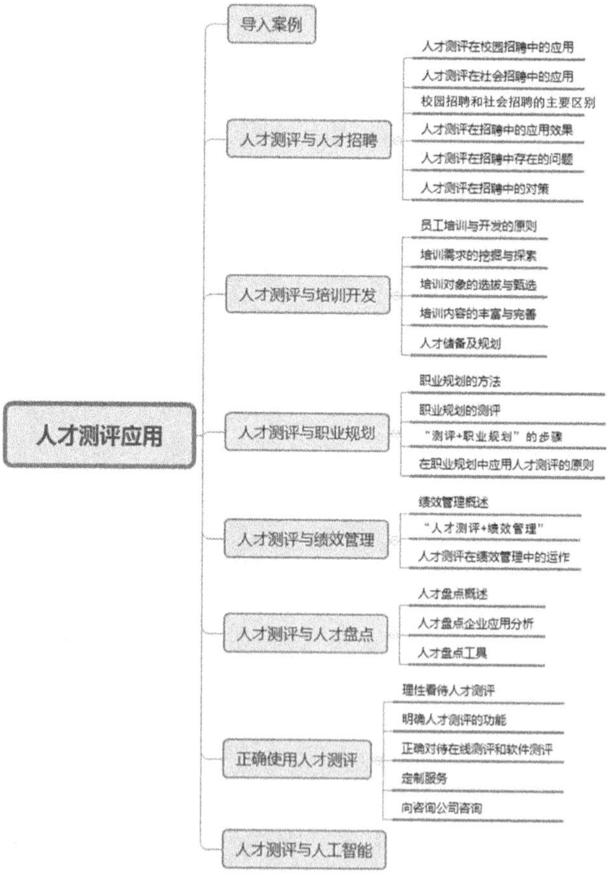

本章关键词

人才测评；人才招聘、培训开发、职业规划、绩效管理、人才盘点。

学习目标

- 了解：人才测评在人力资源管理中的应用情况。
- 熟悉：人才测评与职业规划的方法。
- 掌握：应用人才测评进行培训开发及人才储备的方法。

导入案例

引入人才测评工具，实现人才盘点项目的优化创新

上海家化联合股份有限公司（简称上海家化）简介：上海家化是历史悠久的日化组织之一，其前身是成立于 1898 年的香港广生行，历经百年发展，于 2001 年在上海证券交易所上市。上海家化高度重视自主品牌建设，旗下拥有“佰草集”“六神”“美加净”“高夫”“启初”“家安”“一花一木”“玉泽”“茶颜”“双妹”等诸多品牌。面对市场上的激烈竞争，上海家化通过采取差异化的品牌经营战略取得了不俗的成果，在众多细分市场上巩固了其领导地位。

作为一家拥有一百多年历史的组织，上海家化是日化行业难能可贵的“百年老店”。优秀的人才一直是上海家化持续发展的不竭动力，是百年传奇的缔造者。面对变革时代中日新月异的行业发展状况，上海家化不断探索、适应新形势需求下的人才管理模式，助推组织愿景和战略目标的实现，力争在新一轮竞争中保持优势。人才盘点项目的优化升级就是上海家化打造人才管理实践的成功尝试。

日化行业：风起云涌，格局多变

经济换挡进入“新常态”，日化行业呈现出新的特点：一是行业整体增速放缓，但是城镇居民收入的持续增长意味着消费品市场的巨大潜力；二是市场主体越来越多，行业竞争日趋激烈，但文化元素日益受到青睐，越来越多的本土组织快速崛起；三是互联网时代的到来极大地改变了消费者的购物习惯，在大型零售实体渠道经营承受巨大压力的同时，人们的海外消费却屡创新高，消费升级已是大势所趋。

在机遇与挑战并存的行业背景下，上海家化提出了五年战略目标。为了实现这一目标，上海家化决定进一步巩固四大核心竞争力：一是文化体系的建设，上海家化将从价值与取向、技术与物质文化、审美与艺术、语言与文字等多维度打造适合消费者

的产品；二是对渠道的覆盖和掌控能力，在深耕现有渠道优势的同时，不断开拓包括电商在内的新兴渠道并加大投入；三是建立快速的市场反应速度，这正是以上海家化为代表的本土组织的竞争优势；四是注重大数据时代与消费者的直接互动，利用数字化营销平台与消费者进行高质量、高频次的直接互动，深度打通线上和线下渠道，进行新商业模式试点。

人才管理：立足“家化”，放眼业界

上海家化的组织愿景和战略目标的实现，需要人才不断践行组织文化，打造核心竞争力。上海家化的人才战略体现在四大方面，以助力五年发展战略规划：一是建立高效的沟通平台，发扬主人翁精神；二是提高员工的胜任力，携手公司共成才；三是实行卓越文化，共享上海家化未来；四是加速潜力员工的发展，培养高效的管理梯队。上海家化的核心人才战略，关注日化行业转型对员工能力提升的要求，持续强化员工业绩导向的工作思维，着力发掘真正有潜力的员工，并培养他们成为公司的中坚力量。

人才盘点：创新方案，破解难题

人才盘点项目是上海家化落实人才发展战略的重要举措，旨在对组织和人才进行系统的管理。在组织方面，通过对组织能力现状的分析、诊断，发现对公司战略目标实现有重要影响的组织问题，制订解决方案和行动计划。在人员方面，基于对实现业务目标的关键岗位分析，为其继任梯队识别具有发展潜力的继任者，有针对性地发展这些人员，帮助他们为未来的岗位角色做准备，从而加强公司的人才梯队建设。因此，上海家化于2016年启动了总监和经理层级人员的人才盘点项目，计划通过3个月的时间，对中高层管理人员进行盘点，为后续的人才管理打下基础。

挑战在前：上海家化在推进人才盘点项目的初期，主要面临三大问题：一是缺乏对现有人员进行客观、统一、科学评价的工具；二是员工在自我认知方面存在不足，这会影响他们对自身职业发展的判断；三是以往的人才盘点项目通常聚焦于对人员本身的讨论，而对业务问题的关注不够，难以对组织发展提供全面有效的支持。这三方面问题能否妥善解决，直接关系到人才盘点项目的完成质量和实施效果。

破解有方：针对上述问题，上海家化人才盘点项目组结合公司现状和市场实践，提出了整体解决思路，即引入组织能力分析和测评工具，设计从组织发展计划（Organization Development Plan，ODP）到个人发展计划（Individual Development Plan，IDP）的完整解决方案。这也确定了人才盘点项目“从战略到业务，从业务到组织，从组织到个人，落实为改善结果的行动”的内部逻辑。其中，组织能力分析的引入弥补了传统人才盘点忽视业务的短板，而人才测评则能够帮助员工提升自我认知水平，明确自身的职业发展诉求。

基于这一思路，上海家化人才盘点项目组将工作的重点锁定在两个方面。首先，设计 ODP 的模板。通过参考和借鉴组织能力的“杨三角”模型，以及咨询公司的业务能力判断工具等，确定了上海家化 ODP 的核心维度，明确了组织能力分析的思路和重点。其次，在人才测评方面引入了北森的 360 度评估反馈系统和管理潜质测评。北森在测评方面主要提供了三方面的支持：一是将上海家化现有的胜任特征模型与北森 GENE 行为题库进行匹配，使上海家化的胜任特征模型落地；二是结合 GENE 的行为逻辑，进一步完善上海家化胜任特征模型的逻辑结构；三是将北森的标准行为描述在用词上进行调整，以符合上海家化的特点，使得题目设置和形式对于上海家化的直线经理而言容易理解和掌握。

虽然前期做了充分的准备，但在项目推进的过程中，上海家化和北森项目组仍然面临一定的挑战：一是参与测评者在面对新的测评工具时表现出一定程度的不适应；二是直线经理在测评结果的解读方面存在不足。

针对上述问题，项目组制订了相应的解决方案：首先，在测评开始前，北森协助上海家化项目组开展沟通，通过前期宣导和操作手册的完善，帮助直线经理熟悉、理解测评工具，保证测评的顺利实施；其次，上海家化和北森项目组共同完善了上海家化个人和团队报告的阅读手册，并分析各团队测评数据，形成团队报告，帮助直线经理理解测评结果。

项目成果：在历时 3 个月的人才盘点工作中，上海家化各级部门联动，探讨组织能力建设要求，识别高能力、高绩效人员，分析关键岗位和继任梯队，确定高潜人才和发展方向，并制订详细的行动计划，推动了组织建设和高潜人才发展。其中，在 ODP 方面，从业务实现的角度分析组织能力的缺失，针对具体的组织能力问题制订有针对性的 ODP。人力资源部围绕各部门的 ODP 和业务发展重点安排自身工作，确保人力资源工作能有效地支持公司战略的实现。同时，测评工具在人才盘点项目中的运用对帮助员工明确自身优势项和待发展项起到了重要作用，确保了员工的 IDP 和员工的职业发展目标的设定，能够与个人的能力发展要求相匹配。

整体来看，从员工层面而言，项目有利于员工自身职业发展；从管理者层面而言，项目有利于构建有竞争力的团队，实现业绩目标；从组织层面而言，项目有利于公司战略的执行落地，实现组织的可持续发展。

未来展望：人才盘点项目需要根据行业动态和公司发展需求进行持续改进，上海家化人才盘点项目组明确了未来提升的两个重点：一是不断优化测评方案，满足直线经理针对管理潜质和专业能力测评所提出的高要求；二是基于盘点结果，确定高潜人员，明确其管理能力和专业能力的发展方向，制订合理的 IDP，帮助他们在管理能力和专业能力方面实现显著提升。

（资料来源：https：//www.beisen.com）

信息化、智能化的社会发展对人力资源管理不断提出新的挑战，如何准确配置组织的第一资源日益受到重视。随着用人机制不断的改革与发展，人才测评成为组织评测员工能力与岗位要求是否匹配的一项专门技术。人才测评通过对员工的知识、智力、个性特征、职业倾向、特殊能力及发展潜力的测评，判定被测评者与岗位的匹配程度，可以为招聘、培训、职业规划、薪酬绩效、能力开发、人才任用和人才盘点等决策提供可靠、客观的建议。目前国内外软件组织纷纷开发了一系列人才测评软件，并且开发了在线人才测评。如何运用人才测评整合招聘、选拔、培训、绩效和薪酬管理，实现人力资源管理的科学化和系统化，为日益激烈竞争的组织吸引、使用、培育及留住最优秀的人才，从根本上提升组织的核心竞争力，将成为人力资源工作者的崭新课题。

4.1 人才测评与人才招聘

随着经济社会的高速发展和社会分工的日益细化，组织与组织之间、个体与个体之间的竞争在不断向深度与广度发展，工作对个体的素质和心理适应性的要求越来越高。组织的竞争说到底是人才的竞争，每个组织都已经意识到拥有创造组织核心竞争力的人才对自己的重要意义，人员的招聘无疑是成败的关键。招聘作为获取人力资源的一个重要环节，是整个人力资源管理工作的基础，高效的招聘能够提高组织人力资源管理的效率。当职位出现空缺时，人力资源部必须及时招聘到足够的人员进行补充。目前，识别人才主要从年龄、学历、工龄等显性因素考查，但是应聘者的组织能力、研究能力、学习能力等潜力指标无法从显性因素中识别。加上招聘公告经过网络信息的传播，引来了大量的应聘者，尤其是待遇优厚、环境舒适、社会地位高的工作吸引了众多的应聘者，单凭招聘者的个人经验，无法对人的心理素质进行科学准确的评估。通过数据和经验的总结，人才测评可以对人才进行选拔，为组织的人才招聘提供更为科学、准确的工具，并可大大提高招聘的效率。尤其是在网络招聘十分发达的时代，面对海量的信息让招聘者目不暇接、无所适从。现代人才测评为科学选拔提供了有效、系统化的方法，人才测评是确保招聘科学性的工具之一。在招聘过程中，通过使用人才测评，能够更加客观准确地了解、把握每位应聘者的素质水平。通过将应聘者在测评过程中表现出的素质特点与岗位标准进行对比，发掘适合的应聘者，达到人适其职、用人所长。同时，通过使用科学公正的人才测评，让落聘的应聘者心服口服，对组织的形象也是一个正面的引导。

4.1.1 人才测评在校园招聘中的应用

一年一度的校园招聘是校园里最热闹的时刻，是组织一年一度储备人才的时刻，也是招聘者最为辛苦、竞争最为激烈的季节，如何提高入职率是每个招聘者最头疼的问题。一个会议谈话场景如下。

招聘主管说：“去年校园招聘 8 大岗位我们的目标是招聘 50 人，我们收到了 1 万多份简历，而我们最大的问题出现在签约率上。在校园招聘过程中，我们发出了 150 个录取通知书，签约 70 人，而最终入职的只有 35 人，签约率为 50%，有效入职率约为 23%，这个效率是不可接受的。今年 8 大岗位的招聘需求为 100 人，如果今年还保持着去年的入职率，想要完成这个目标几乎是不可能的。确实如此，一般雇主的签约率达 60%以上，名牌雇主的签约率高达 80%以上，签约率低不仅会打乱人力资源部的招聘计划和其他工作计划，也浪费了很多人力、物力等。”人力资源部经理说：“建议引入人才测评工具来提高校园招聘的签约率和入职率，在发放录取通知书前就把不适合的人员剔除。另外，大学生具有很强的学习能力和可塑性，不仅要满足岗位需求，也要注意保持员工的稳定性并能胜任岗位工作，更要确保入职人员满足组织战略发展的需要。”通过引入人才测评工具，当年的录取通知书仅发放了 140 个，最终入职人数却达到了 102 人。经过总结得出做好校园招聘工作要做到：①明确策略，简化流程；②引入测评，精准选拔；③在线测评，高效选拔；④效果分析，优化策略；⑤测评招聘一体化，增强招聘体验；⑥用测评招到人、找准人，高效完成招聘工作。

猎头顾问钟克峰先生认为，校园招聘不同于一般性招聘，具有其突出的特点，但是在理解这些特点时一定不可以浮于表面，需要深入理解其内在含义。

1. 应聘人数众多

一年又一年，大批涌向招聘市场的应届毕业生将招聘现场挤得水泄不通；接收简历的邮箱充斥了来自全国各地的求职信；应聘材料和简历从四面八方飞到组织 HR 的手中。如何从众多的应聘者简历中快速、准确地将不符合组织需求和职位需求的应聘者的简历排除掉？如何保证进入下一轮面试的应聘者具备组织和职位所要求的基本素质？如何将繁重的简历筛选工作变得迅捷、轻松、准确……这些都成了摆在招聘经理面前的棘手问题。

2. 应聘者缺乏工作经验

学生应聘者往往没有或缺乏工作经验，组织很难仅凭其专业方向和专业成绩就确定其是否具备某项职位所要求的基本素质。由于其人数众多的特点又无法全部实施面试，这给招聘工作带来了很大的麻烦。

3．应聘者没有明确的职业定位和目标

我们在招聘中经常遇到这样的问题：当我们将某应聘者作为行政人员或公关人员招聘进入公司后，可能发现他并不善于处理事务性工作或者不善于与人打交道；当我们将某应聘者作为技术人员招至麾下时，可能发现他对研发工作既不热心也不出成绩。这是由于学生应聘者缺乏实际工作和社会生活的磨炼，简单纯净的校园生活很难激发他们对自己的性格特征、职业倾向、人际交往模式等方面的全面了解，这就导致很多应聘者自己也不清楚自己能够胜任或者适合从事哪些类型的工作。

4．应聘者所在地区分布广

校园招聘的另一个特征是应聘者的地区分布非常广泛。如果是在招聘会或网上收到的简历，就很难将他们组织在一起进行考试，同时，在尚未有明确意向的情况下就贸然通知其来面试，这对应聘者和组织来说都是不负责和浪费成本的表现。由此可见，异地招聘确实是招聘工作中的一大棘手问题。

5．容易组织大规模的应聘考试

现在，很多组织都热衷于进驻校园进行校园宣讲，这样既可以使招聘工作更有针对性，保证了应聘者的基本素质，又可以适时地为组织做宣传，还能够为下一步招聘人才做准备，可谓一举多得。进入校园进行招聘或者做校园宣讲时，组织往往有机会组织大规模的面试或考试，这一点是我们在招聘中应该加以利用的有利条件。但是需要注意的是，这种大规模的应聘考试要把握重点，因为是否可以找到真正优秀的人才，结果并不可预测。

为了满足校园招聘对招聘工作的需求，许多组织开始在招聘中大规模使用人才测评对人才进行初步筛选。实施人才测评具有简便、快速、客观、全面的特点，尤其是目前所流行的远程人才测评可以实现异地考评，更为简化组织招聘工作提供了便利。因此，基于网络的人才测评越来越成为组织招聘不可或缺的工具。

4.1.2 人才测评在社会招聘中的应用

1．建立健全人才测评体系

建立健全人才测评体系是人才测评在组织招聘中应用的前提和保障，其具体工作需要从国家法律法规和行业内部规定两方面入手。组织要完善人才测评体系离不开法律法规的支持，需要政府部门制定专门的法律法规，进一步对人才测评机构的资质和设立进行规范，并严格把关，同时还要出台测评人员的专业资格认证制度，强化对人才测评行

业准入的监管。人才测评机构内部还需要在遵循现有的法律法规的基础上，制定详细的人才测评标准，根据组织岗位需求对测评标准进行调整，从而使组织在招聘过程中能够准确高效地招聘到与岗位相匹配的人才。

2．提升人才测评人员的专业素质

在组织招聘过程中，应用人才测评必须打造一支专业的人才测评队伍，才能保证人才测评的有效利用。作为一名优秀的人才测评人员需要掌握人力资源管理、心理学、社会学、统计学、计算机等方面的相关知识。对人才测评人员，不但要做好日常专业培训和实践训练工作，还要强化职业道德教育，使人才测评人员在能力和素质上都能胜任这项工作，在公平公正的前提下科学准确地进行人才评价，并在人才测评人员之间建立科学的沟通联络机制，更好地推动人才测评事业的健康发展，为组织在招聘工作中吸引更多的优秀人才。

3．发展多样化的人才测评方法

人才测评在组织招聘中进行应用，单一的人才测评方法已无法满足时代发展的需求，需要在人才招聘时采取多样化的、组合配套的、成体系的人才测评方法，如采用笔试、小组讨论、心理测试及情景模拟测试等多种人才测评手段，这不仅有利于更好地测试应聘者的分析、决策、应变及解决问题的能力，还能够考验应聘者的心理素质，各种人才测评手段互相印证，提高招聘工作的准确度和效度。另外，在不断丰富人才测评方法的同时，还需要充分利用现代信息化手段和大数据为人才测评提供技术支持，促进人才测评网络化的实现，利用互联网及计算机对应聘者进行人才测评，可以打破人才测评的地域限制，提高测评效率。

4．加强对应聘者的品德测评

应聘者的品德素质直接关系到他的职业道德水平和信用水平，这就需要组织在招聘过程中要格外重视应聘者思想道德素质如何，而品德是相对隐性的素质，如何进行挖掘和分析，进而准确判断，需要做好以下几项工作：首先，确定品德测评要素。组织需要针对员工在思想品德方面的要求有针对性地选择要素，同时还要对每一要素的定义进行明确，使其更为具体，以此作为品德测评的基础。其次，选择合适的品德测评方法。在品德测评过程中，组织通常会采用量表测评法和主观投射法。量表测评法主要是根据品德内容进行等级量表的编制，招聘者可以针对一个问题进行不同等级的评判，对应聘者在某一品德特性上的水平进行统计，并与其他应聘者进行比较，从而确定其在群体中的相对位置。主观投射法是事先准备一些与品德相关的问题，针对应聘者的不同反应对应聘者的品德进行了解。在当前市场经济环境下，人才测评在组织招聘中进行广泛应用已成必然，即使目前在具体应用过程中还存在一些不完善的地方，但随着人才测评的不断发展，其在招聘工作中应用的准确性和科学性会随之提升，这也要求现代组织在发展的过程中，努力提高人才测评人员的专业素质和职业能力，在招聘中充分利用人才测评技术和手段，确保招聘效率的最大化，为组织发展提供更好的人才保障与支撑。

4.1.3 校园招聘和社会招聘的主要区别

综合来说，人才招聘的主要渠道是校园招聘和社会招聘，经过对比，其主要区别有以下几个方面。

1. 应聘对象不同

校园招聘的对象主要是大中专院校的应届毕业生（博士生、硕士生、本科生、大专生、中专生等）；而社会招聘的对象是已经有若干年工作经验的往届生。

2. 招聘的渠道方式不同

校园招聘渠道主要有校招宣讲会，以及政府、学校组织的双选会等；社会招聘主要通过政府或中介组织的人才市场招聘会、网站招聘、猎头、人才内部推荐等。

3. 招聘的目标定位不同

校园招聘的目标是储备关键人才、充实人才队伍、改善人才结构等；社会招聘也有这三个目标，但主要还是为了满足因某项工作对某一类特殊人才的需求，并期望在短期内创造价值。

4. 招聘的时机不同

校园招聘根据学校安排，一般有秋招和春招；社会招聘则主要视对人才的需求而定，每年的 3 月、9 月是社会招聘的高峰期。

5. 招聘时考查的重点不同

校园招聘是为组织选拔和储备未来的人才，侧重考查应聘者的学习能力、发展潜力和综合素质；社会招聘是为吸纳能胜任岗位的人才，侧重考查其岗位胜任能力、岗位匹配度、专业经验及组织文化适应力。

6. 培养的方式不同

对于校园招聘的新人一般是先培养，边培养、边使用，采用“脱产+在职培训”的方式，重点是认可组织文化、提升综合素质能力、提高忠诚度；对于社会招聘的新人则是先使用，边使用、边培养，多采用在职培训的方式，主要是为了快速了解组织运作方式，尽快投入到工作中，为组织创造价值。

尽管校园招聘和社会招聘有很大区别，但目的都是一个——满足组织发展的人才需要。

4.1.4　人才测评在招聘中的应用效果

肖明星指出人才测评在招聘中的应用效果主要有以下几点。

1. 人才测评使招聘计划具有前瞻性和计划性

人才测评可以掌握组织对人才的需求情况，有目的性、针对性地利用组织的内部和外部招聘，做好人力储备工作，并且为招聘制订长远的计划，使招聘工作具有前瞻性和计划性。

2. 人才测评可以深入了解各工作岗位所需的能力

组织的发展离不开员工以其能力和潜力创造出的业绩。因此，组织能否持续发展与组织是否有大量优秀的人才是密不可分的。现代人才测评技术可以找出某岗位的人才需求，制定组织用人的标准，按照一定标准识别人才，如使用关键事件访谈法对应聘者进行有针对性的、明确的考查和筛选。

3. 人才测评可以优化组织现有的招聘流程

由人才测评的运用而产生的一系列在招聘中的测验和评估技术，不仅可以帮助组织更明确、更科学地选出胜任岗位的优秀人才，还可以对组织的招聘流程进行细致的优化与调整。如标准测验技术，包括基本潜能、个性特征、核心能力、心理素质、专业能力测验等；评价中心，包括 BEI 面试、文件筐、角色扮演、LGD、管理游戏、演讲答辩、现场模拟、案例分析等；360 度评估技术，从多层面、多视角向应聘者收集测评信息，进行综合反馈；投射测试技术，包括 TAT、SC、情景测试法、笔迹分析、作业法等。这些测评技术对于每位应聘者来说都是公平公正的，而且优化了招聘流程，更加简便、快捷，节省时间和资金成本。

4. 人才测评可以梳理调整组织的人力资源体系

采用人才测评能够发现或建立组织岗位胜任力模型。胜任力测评的对象为岗位胜任力，采用一定的科学原理制定各类岗位人员创造高业绩的标准，按照这种标准来测评和鉴定各员工在完成工作任务、履行工作职责时展现出的胜任力要素，达到使员工的胜任力符合组织持续发展战略的目的。它是非常科学、客观的，在招聘过程中以科学的理念，建立组织关键岗位的胜任力模型，可以达到组织客观、合理用人的战略目标。

4.1.5 人才测评在招聘中存在的问题

目前，组织招聘使用人才测评的情况在我国才刚刚起步，在实际情况下的运用还存在许多不足和矛盾，如人才测评制度不健全、人才测评技术落后及人才测评人员专业素质低等。这些问题的存在是我国人才测评运用情况不乐观的主要原因。

1. 人才测评制度不健全

我国的人才测评制度并不十分健全，导致这一问题的原因主要有以下两个方面。

（1）从理论的角度来说，我国目前对与人才测评相关的研究还是比较匮乏的。我国大多是借鉴国外的先进理论，因为社会形态与人文之间的巨大差异，虽然以国外理论为基础的理论技术能够在一定程度上帮助指导我国的理论研究，但是我国在招聘实践中所出现的因国情差异带来的问题不可避免，国外的理论是不能完全解决的。

（2）从实践的角度来说，我国的组织在组织招聘中大多是直接使用国外的人才测评软件，没有针对组织自身情况和人才需求建立人才测评机制，这就容易导致招聘的人才不符合岗位需求的问题，不利于组织的持续发展。

2. 人才测评技术落后

限制我国人才测评发展的一个重要因素是人才测评技术比较落后。就常用的测评技术包括无领导小组讨论、案例分析等而言，我国缺乏针对这些技术制定的评价标准。因为组织在运用这些新兴技术时操作规范和标准不明确，在组织招聘中对人才的选拔具有一定的盲目性，所以组织招聘的结果往往不尽如人意。

3. 人才测评人员专业素质低

人才测评工作是一项繁杂和专业素质要求比较高的工作。它需要人才测评人员十分了解心理学和人力资源管理的知识，人才测评人员不仅要通过专业资格考试，而且要具备丰富的测评经验才能进入人才测评队伍。然而，我国有些人才测评人员专业素质低、缺少实际人才测评经验、没有经过考试资格认证，人才测评人员往往通过个人主观印象评价被测者，这些问题严重地制约着我国人才测评行业和组织人才招聘工作的发展，使大量真正的人才没有被组织聘用。

4.1.6　人才测评在招聘中的对策

人才测评工作是一项专业性强的工作，它的专业涉及行为科学、社会学、政治学、心理学、行政管理学及现代自然科学等，对人才测评人员的专业素质要求是很高的。在我国组织中，一般由人力资源部门负责组织招聘。所以，在我国要加强对人力资源部门的建设，提高人力资源部门人员的专业素质。为达到这一目的可以从以下几点入手。

（1）开展对人力资源部门人才测评的专业性、综合性、先进性、针对性、实用性的培训，其课程必须围绕人才测评新理论、新技术及新成果进行设置，让被培训人员尽快、高效地掌握最新的人才测评技术。

（2）注意培养人才测评人员的职业道德，严格禁止人情招聘、走后门，遵循保密原则，使人才测评公平公正，才能使组织真正聘用到所需的优秀人才，使组织持续发展。

（3）制定符合组织自身情况的人才测评指标。组织在制定人才测评指标时，应将各自的行业特色、岗位工作需求和性质等因素考虑进去，并且应该随着社会发展、环境变化不断调整和完善人才测评指标。主要可以从以下四点入手。

1）遵循科学性、操作性、针对性、明确性和精练性的原则制定人才测评指标。遵循科学性要求对应聘者的综合素质进行科学的分析和数据量化，务求测评科学客观、公平公正及合理系统，科学地评价应聘者；操作性要求制定合理简便、操作性强的人才测评评价指标等级；针对性是要根据测评的目的和对象来选择相应的人才测评指标；明确性要求清晰明了地界定各个人才测评指标的含义；精练性要求评价措辞要直接明了、通俗易懂，以及准确地反馈被测者的特征。

2）组织要考虑各类人员的工作性质、特点、职务和专业技术之间的特点和差异，选择科学有效的人才测评指标。不仅要设置学历、资历、著作、论文等基本指标，还要将被测者的工作能力、工作潜力、工作经验、继续教育、计算机和外语水平、创造思维能力、创造精神和品格、工作韧力等内容设置进去。

3）在制定人才测评指标的过程中，对人才测评指标进行多次论证、修订，完善人才测评指标。修订包括测评前修订和测评后修订两个方面。测评前修订主要通过专家调查法，将所确定的人才测评指标提交领导、学术权威或专家会议，征求意见，修改、补充、完善人才测评指标的内容。测评后修订是根据测评实践的结果，分析辨别必要的人才测评指标和不必要的、可省去或简化的人才测评指标。

4）合理分配各项人才测评指标的比重。确定和设置各项人才测评指标的权重可以采取专家咨询法和层次分析法。

① 专家咨询法以定量、定性分析为基准，通过打分对被测者做出评价。

② 层次分析法则将决策分析问题分为多种层次，如目标、准则和方案，针对不同

层次进行定性、定量分析。

（4）加强对应聘者的思想品德测评。应聘者的思想品德素质对于组织的发展是起到相当重要的作用的，一个人优秀与否，不仅要看他的专业素质，还要看他的思想品德素质。思想品德素质包括人的思想观念、政治观念、伦理道德水平、纪律观念、法制观念等。组织招聘时要充分考查应聘者的思想品德素质水平，要对应聘者进行思想品德测评。思想品德测评包括以下两点。

1）要制定思想品德测评指标，如敬业爱岗、诚实守信、团结同事、正直廉洁等，并且要细化对这些要素的定义，使测评有标准地进行。

2）要选择适宜的测评方法，如量表测评法和主观投射法。

① 量表测评法通常根据思想品德测评指标编制成等级量表，使测评人员可以针对被测者进行不同等级的评判，分析得到被测者在某一思想品德指标上的水平，将其与其他被测者在同一指标等级上进行比较。

② 主观投射法通过事前设计一些思想品德方面的问题观察被测者对这些问题的反应，达到对其思想品德素质进行一定程度了解的目的。

随着科学技术不断进步与发展，人才测评技术也会随之变得完善和专业。目前在我国，虽然人才测评技术的运用还存在许多问题，人才测评体系急需完善，但是组织招聘运用人才测评技术的趋势是不可避免的。组织管理者和人才测评机构需要不断结合国情和自身特点研究现代人才测评技术，提高人才测评人员的专业素质，更好地服务于组织的发展。

4.2 人才测评与培训开发

培训是指向新员工或现有员工传授其完成本职工作所必需的相关知识、技能、价值观念、行为规范的过程。开发则是指提高员工的能力，以满足组织目前和将来的工作需求。培训更多的是一种具有短期目标的行为，目的是使员工掌握目前所需要的知识和技能；而开发则更多的是一种具有长期目标的行为，目的是使员工掌握将来所需要的知识和技能，以应对将来工作所提出的要求。本书将员工培训与开发结合起来，既着眼于组织眼前绩效的改进，又在战略角度上关注组织及个人的长远发展。

4.2.1 员工培训与开发的原则

在当今竞争激励的环境中生存、赢得发展是一种挑战，要想立于不败之地，就必须扩充和增强人力资本，这也是人力资源管理的核心，主要有两条途径：一是从激烈的市场中招收人才，二是对现有员工进行培训和开发。

1．战略性原则

员工培训与开发的战略性原则包括两层含义：其一，员工培训与开发要服从或服务于组织的整体发展战略，其最终目的是实现组织的发展目标；其二，员工培训与开发本身也要从战略的角度来考虑，要以战略的眼光去组织员工培训与开发，不能只局限于某个员工培训与开发项目或某项培训需求。

2．长期性原则

知识更新的速度已远远超过我们的想象，组织发展需要不断地更新知识，员工也必须不断学习，不断接受新的知识。所以，组织对其员工的培训必须坚持长期性原则。员工学习是为了更好地工作，所以，员工培训是随着组织经营的变化而设置的。要正确认识智力投资和人才开发的长期性和持续性，要用“以人为本”的经营管理理念做好员工培训与开发。

3．学用一致原则

员工培训与开发要从组织实际出发，培训的内容必须要针对员工个人和岗位所需要的知识、技能及态度等，要与参与培训的员工的年龄情况、知识结构、能力结构、事项状况紧密结合。在培训项目实施中，要把培训内容和培训后的使用状况衔接起来。员工培训与开发系统要发挥其功能，将员工培训与开发成果转化为生产力，迅速促进组织竞争优势的发挥与保持。

4．全员培训和重点提高相结合的原则

全员培训就是有计划、有步骤地对在职的各级、各类人员进行培训，这是提高全员素质的必经之路。全员培训不是对所有员工平均分摊培训资金，为了提高培训投入的回报率，要在全员培训的基础上进行重点培训，要分清主次先后、轻重缓急，制订规划，分散地进行不同内容、不同形式的员工培训与开发。培训必须有重点，这个重点就是指对组织的兴衰有着更大影响力的管理和技术骨干，特别是中高层管理人员。此外，人员培训的内容还应该与干部、职工的任职标准相衔接。培训内容必须兼顾专业知识技能与职业道德两方面。

5．个体差异原则

从普通员工到最高决策者，所从事的工作不同，创造的绩效不同，能力和应达到的工作标准也不同。所以，员工培训与开发工作应充分考虑他们各自的特点，做到因材施

教。也就是说，要针对员工的不同文化水平、不同职务、不同要求及其他差异，区别对待。

6. 严格考核和择优奖励的原则

培训工作与其他工作一样，严格考核和择优奖励是不可缺少的管理环节。严格考核是保证培训质量的必要措施，也是检验培训质量的重要手段。只有培训考核合格，才能择优录用或提拔。鉴于很多培训只是为了提高素质并不涉及录用、提拔或安排工作问题，因此，对受训人员择优奖励就成为调动其工作积极性的有力杠杆。

人才素质的开发与发展离不开人才测评，人才测评既是人才培训与素质开发的起点，又是人才培训与素质开发的终点。哪些人员是更合适的培训对象，这些人员中哪些素质需要并值得开发，在这些需要开发的素质中又应当优先开发哪些；这些人员及其需要开发的素质应采用哪些培训方式以提高培训的针对性和有效性；培训课程中如何引入人才测评项目以丰富和完善培训内容；在检验培训效果时，经过培训哪些素质得到了明显提高，而哪些素质经培训与开发后没有明显改善；测评结果如何为人员储备建立信息，以及如何在人才的使用和任命上发挥作用。上述这些问题的回答与解决都需要依赖于人才测评。

4.2.2 培训需求的挖掘与探索

组织战略下的人才培养、培训体系要求培训工作必须为组织战略目标服务，要依据组织发展战略和未来目标规划合理地配置使用培训资源，是基于组织发展与人才发展的双重需要并以组织发展为首的情况开展培训工作，这样才能使培训工作具有针对性，并且使培训工作能够较好地为组织发展服务。总之，培训工作产生的价值是开发和设计培训体系的出发点。然而，很多组织缺乏必要的培训需求分析，培训计划都是自上而下或自下而上凭借当事人的主观意愿制订的。为了保证培训的针对性和有效性，培训方应做科学严谨的需求调查分析。人才测评是利用现代人才测评技术，根据岗位素质标准对员工进行综合素质测试，以发现员工实际素质与岗位素质标准之间的差距的方式。测试评估法的时间成本与人工成本都较高，因此组织多利用测试评估法发现中高层管理者的培训需求。测试评估法可能采用的技术包括行为面试、无领导小组讨论、公文筐测验、案例分析及标准化能力测验等。这种方法的特点在于能够将人为主观确定培训需求的因素降到最低，客观地发现管理者与岗位素质标准之间的差距，使组织的培训投入得到较高的回报。只有这样，组织培训工作才能做到有的放矢，针对素质不足和存在的问题，有计划性、针对性地实施培训，学员才能正确地了解自己、评估自己，针对不足，在培训中扬长避短、调整提高。

4.2.3　培训对象的选拔与甄选

培训中往往出现的一个现象是培训的供给与需求之间的矛盾，当培训供给较少而培训需求较大时，如何公平恰当地选拔培训对象是培训者所面对的一个主要问题；要提高培训的有效性，挑选到合适的培训对象也是一个重要的环节，将培训提供给恰当的培训对象才能保证培训效果。只有通过科学、客观、全面的选拔方式挑选出合适的培训对象才能解决上述两个问题。进行人才测评，有利于选拔出合适的培训对象，将培训工作的有效性落到实处。在实施人才测评时，要做到客观、公正、实事求是，避免主观随意性。同时要做到全面系统，对培训对象的测评不能只看某项指标，而要综合、全面地了解其全方位的素质，只有这样，才能保证人才测评结果的客观性和准确性，才能更真实地反映培训对象的实际状况，并做出正确的判断和选择。通过这样一个过程，挑选到合适的、有发展潜力的培训对象，为他们提供有针对性的培训，将培训后能力得到提升和改善的培训对象输送到组织的生产和经营中。这样的一个循环提高了培训的针对性和实效性。人才测评需要紧扣几个原则：一是整个测评自成一个体系，不同的测评内容采用不同的测评方法；二是能力测评要以岗位胜任力模型为纲；三是测评与培训相结合；四是测评能力，也测评经验。

据此，可按如下测评方案进行设计。

1. 知识测验

为培训对象开发能够检测他们岗位所需知识的测验题目，作为测评的第一步，在指定地点集中施测。

2. 标准化心理测验

根据岗位要求，采用已经成熟并且得到广泛应用的心理问卷量表，包括 16PF、创新能力测验、学习能力测验、沟通能力测验等，其目的是了解培训对象的人格特征等心理素质，并且了解培训对象的创新能力、学习能力、人际沟通能力等岗位所需的核心能力，其测评结果作为此次人才测评的重要参考。

3. 综合能力测评

运用评价中心，主要包括无领导小组讨论、文件筐测验、深度面谈三种测评方式，目的是了解培训对象的领导力、分析判断力、组织协调力、决策力、学习创新能力、知人善任能力等。对于一些重要的能力，通过 2~3 种方法同时进行考查，交互验证，以增加测评的准确性，提高测评的预测效度。除了考查他们的能力与资质，由于该岗位对员工以往的工作经验也有一定的要求，因此，应专门邀请该岗位经验丰富的专家参与面试，由他们对培训对象的工作经验做一个客观、准确的评价，以此来预测他们对该工作岗位的适应能力。

4.2.4 培训内容的丰富与完善

在培训过程中实施人才测评，即将人才测评作为培训的一个环节，培训对象通过参与人才测评，以及彼此间的交流和分享，对现代人才测评方法有了更深刻的认识，同时还从测评专家和其他培训对象那里学到了一些管理技巧和方法。比如，如何处理公文、如何组织一次有效的会议等。更重要的是，通过参加人才测评活动，他们对自身的素质状况有了更科学、客观和深刻的认识，清醒地看到了自己的不足，对该岗位优秀领导者应具备的能力有了清晰的认识和了解。著名管理学家雷蒙德·A. 诺伊教授在他的著作《雇员培训与开发》中指出，员工开发通常有四种方式：正规教育、人才测评、人际互动和在职体验。目前我们更多的是采用正规教育即课堂教育来实施培训，而人才测评这种方式采用得较少，并且开发的课程较少。经过开发，可以将领导风格测试、决策风格测试等应用在培训中。在课程中，适度地加入相应的管理案例，将测评与案例结合起来，提高了培训对象学习并实践应用的可能性。这样的测评课程可以提高培训对象的参与度，丰富培训内容，增添培训的趣味性。培训对象可以认识到自己的领导风格或者决策风格等，同时，也对其他类型的风格有所了解，在实践中可以做到知己知彼，以提高他们的沟通技巧和解决问题的能力。

4.2.5 人才储备及规划

对培训对象进行人才测评，有利于掌握培训对象的实际状况及发展变化的规律，也有利于储备培训信息，建立干部信息库，为干部选拔和任命做好“人才库”。对于定期参加培训的培训对象而言，通过对他们在培训中进行必要的人才测评，同时有重点、有针对性地记录其历次培训的主要内容及其效果，有利于培训对象对自身的了解和认识，培训机构能掌握大量个体的人才成长变化的动态信息，建立个体人才测评的数据，还可以有针对性地提出个性化的人才成长建议。同时，依据个体人才测评数据而建立的整体人才测评数据，可以方便组织把握不同时期管理者队伍整体状况的动态信息，进而探索其发展变化的规律，据此制订具有针对性的培训方案，这也为组织后备人才的培训提供依据。就后备人才发掘与储备而言，科学有效的人才测评技术依据各类培训对象在其不同职务、不同时期培训的状况，建立储存该类信息的“人才库”，从时间上纵向综合了解管理者的能力素质情况，发掘有潜力的管理人员作为后备人才，还可以为今后的人力资源规划提供依据，为组织人事部门全面考核和合理使用管理人员，提供必要的资源支持。

在培训中，提供专业的人才测评，通过将测评的结论汇总分析，得出该批培训对象人才测评分数的基本分布，并对培训对象的能力素质状况从不同的维度及相关的影响因素两个方面进行总体分析，提出改进与提升的建议。根据后备人才的使用要求和领导干部聘用相关规定，拟定推荐使用标准，并对入选的后备人才进行分级推荐。在接受人才测评的培训对象中，分别列出了推荐使用、推荐培养等人员的级别。这样做，一方面，对组织管理人才有个整体的认识，便于组织对管理人才做出合理的规划；另一方面，每个贴有标签的培训对象都是组织进行人事任命的对象，对他们的人才测评信息的建立和完善，有利于做出科学的人事决策。人才测评通过对员工的人格特征、工作态度及能力等进行全面客观的分析评价，根据组织未来的发展战略，确定组织需求，以测评结果确定员工目前的状况，比较两者找到员工认知及能力的欠缺点，以此作为员工培训与开发的基础和起点，据此制订培训方案，并通过有针对性的知识学习、理念转变、个性塑造、视野开拓、能力培养等，提高员工的综合管理能力和工作岗位适应性。人才测评还为培训对象的竞争性选拔提供了基础，筛选合适的人才参加培训。有针对性的个性化人才培训可以大大提高培训的效率，在提升员工核心能力、提高组织人力资本的同时，也为组织节省了培训成本。而以人才测评为基础设计培训课程，丰富了人才培训的方式和内容，提高了培训对象的参与度，让培训对象在参与的过程中认识和完善自己。而测评结果的应用将会进一步了解培训对象个体的状况，并且了解整个培训对象队伍的水平，信息的储备为组织人才培养和使用奠定了基础。

4.3　人才测评与职业规划

中国职业规划师协会将职业规划明确为对职业生涯乃至人生进行持续系统设计的过程，包括职业定位、目标设定和通道设计三个要素。职业规划影响整个生命历程，要在科学的人才测评的基础上进行职业规划。人才测评是对个体的性格、职业性向、潜能、天赋等进行评估。通过人才测评，对测评对象进行全面了解、评估和分析，才能做出正确的职业规划。没有科学的人才测评当作基础，科学的职业规划是做不出来的。采用人才测评可以辅助测评对象，确认自身优势与潜在的弱点、性格与天赋特征，全面深刻地认识自我，查找职业问题的症结、职业问题的来源、阻碍职业发展的根本原因，依次确认测评对象适合的工作环境和喜欢的工作类型。

4.3.1 职业规划的方法

这里介绍的职业规划的方法是与传统专家咨询相区别的，重点是掌握“鱼与渔”的关系。

1. 照好镜子，拿好尺子

职业方向定位是职业生涯的“镜子和尺子”，我们要明确职业的特质，确定职业方向。职业方向具有灯塔、航标等设施的照亮和引导的作用，对职业方向与职业特质的准确设计，是从战略高度对职业成功的、有效的设计。

2. 做好职业核心能力测评

除了职业方向定位，还有一把尺子就是职业核心能力测评。如果职业发展期望很高，就需要通过职业核心能力测评进行胜任力评估，它的数据是组织需求的能力常模，找到目前职业核心能力与需求的差异，树立能力提升的方向与标准，以锚定职业目标。

3. 做好职业成熟度测评

职业成熟度测评是对掌握的资源的梳理，组织认知、人际策略、方法视角、自我管理等指标标记着职业成熟度，决定职业发展的速度。职业成熟度测评是“经验丰富”“深谋远虑”的综合标准体系。

4. 做好信息支持

职业信息库是信息支持决策的基础，它的结构和内容是需要进行反复设计与调整的，是重要的职业规划，尤其是在复杂环境下的职业的取舍、轻重缓急的筹划等都需要外部智库的帮助，需要请职业咨询师、分析师将初步形成的职业规划进行修正。

4.3.2 职业规划的测评

1. 常见的测评

职业规划常见的测评有埃德加·施恩的职业锚测试、WVI 工作价值观问卷、罗克奇价值观调查表等。

2. 性格测评

（1）MBTI。MBTI 是一种迫选型、自我报告式的性格评估理论模型，用以衡量和描述人们在获取信息、做出决策、对待生活等方面的心理活动规律和性格类型。通过 MBTI，性格和职业之间的联系得到了比较清晰的阐释。MBTI 有长达 70 多年的实践，拥有海量的职业常模数据。

（2）16PF。

（3）大五人格模型（The Big Five）。麻省理工学院的心理学教授倾向通过大五人格模型描述人的人格与个性。大五类因素包括开放性、严谨性、外向性、宜人性及神经质人格特质。一般记忆为 OCEAN（海洋）或 NEOAC（独木舟）。O 代表 Openness to experience（开放性），C 代表 Conscientiousness（严谨性），E 代表 Extraversion（外向性），A 代表 Agreeableness（宜人性），N 代表 Neuroticism（神经质）。

（4）DPA。DPA 致力于优化人员状态，启动人性动力，打造自动自发的人才驱动系统，能够让人们更好地认识和了解自己，可以帮助组织老板和高级管理人员对不同类型和动力的员工进行组合，打造优势动力组织、团队，降低员工流失率，提升员工忠诚度，激发员工行动力。目前，它已成为世界上应用最广泛的测评工具之一。DPA 能动态地看待个人的职业发展，并进行跟进性诊断和辅导。

（5）兴趣测试。约翰·霍兰德发现，人的个性、价值观及偏好的生活方式，一般会通过 6 种兴趣反映出来。

（6）倾向测试。倾向测试有一般能力倾向测试、差别能力倾向测试等。

4.3.3　“测评+职业规划”的步骤

要想做好个人的职业规划，需要注意以下 5 个步骤。

1. 分析自己的性格

每个人的性格都是不同的。有的人性格外向、善于言谈，人际交往能力强，喜欢在公众面前发表自己的言论；有的人则性格内向、忠厚老实，喜欢独立地去思考问题；有的人对事情执着，遇到挫折不气馁；有的人则脆弱，容易被失败击垮；有的人喜欢有挑战性的工作，压力越大斗志越大；有的人则喜欢安定平稳的生活，不能忍受过大的压力……任何事情都具有双面性，有好就有坏。热情、善谈的反面就造成不够稳重；忠厚脾气好，容易变成没有主见……先要分析自己的性格，看看自己到底具备上述性格中的哪些方面，看看自己性格中的长处、短处，如果是热情、善谈、喜欢有挑战性的工作的人，相对来说比较适合做营销、公关等工作；如果是内向、认真的人，可能适合做财会工作。准确分析自己的性格，一方面便于找到适合自己的岗位，另一方面可以提醒自己在工作中注意克服性格的不足。

2. 分析自己掌握的知识、技能

每个人都有自己擅长的知识、技能。有的人喜文，有的人喜理；有的人动手能力强，

有的人操作能力弱；有的人思想跳跃跨度大，有的人逻辑思维能力强……分析自己学习过和掌握的知识技能，罗列出哪些是自己精通的，哪些是自己熟悉的，哪些是自己的弱项。然后分析自己所从事的工作，胜任岗位要求需要具备哪方面的知识和技能，结合自己的实际，确认自己和岗位相吻合的条件，以及不足之处。如果岗位要求具备较高的计算机水平，而自己这方面欠缺，就可以通过参加学习班或找人传授相关知识，来提高自己这方面的知识和技能，只有做到上述这些方面，才能让自己在工作中立于不败之地。

3. 分析自己掌握的或能够调配的资源

这里的资源不但包括金钱，还包括自己在社会上的人脉。俗话说得好："有多大的能力办多大的事。"也就是说，要尽可能去做力所能及的事情。我们都知道如果要开办公司，就要有一定的资金，最少要保证 10 个月没有利润还能维持公司的运营。同样的道理，如果从事一项工作，不可能所有的事情都是自己擅长的，如果碰到自己不擅长的事情，就要想自己能够调动的资源，自己的同学、朋友、亲戚中，有谁擅长此类事情或从事过相关行业，自己就可以去取经，直接掌握问题的关键点，避免工作中走弯路。

4. 确认自己的发展目标

编者不久前碰到了一位 MBA 的同学，该同学毕业 2 年多换了至少 4 次工作，涉及了不同的行业，每份工作都没有超过 6 个月，已经 30 岁了，不仅没有找准自己的位置，而且不知道自己适合做什么。编者认为这个同学就属于那种糊里糊涂生活的人，没有认真分析过自己，没有做好个人的发展规划。编者并不反对跳槽，但是跳槽一定是有目的、有选择地跳。最好先采用上述方法，确认个人的发展目标，围绕这个目标，有目的、有选择地跳，这样才能让自己更快地接近或实现目标。如果没有确认自己的目标，盲目跳槽，特别是频繁换行业的跳槽是最不可取的。因为在当今社会，工作经验和行业优势已经成为获取成功的必不可少的条件之一，所以确认个人的发展目标尤为重要。

5. 坚持不懈走下去

世上没有不劳而获的事情，任何人的成功都不是偶然的，一定有了很长时间的积累，并且具备了一定的实力才能成功。所以，认准了自己的目标，一定要坚持不懈地走下去，不管遇到什么挫折，都不要放弃，同时一定要认真学习，只有这样，才能获得成功。

4.3.4 在职业规划中应用人才测评的原则

国际心理类型协会制定了一套性格测试的使用规范原则（可参考《APTI 会员手册》），其中最重要的原则是：①被测试者应该总是有机会核实自己的性格类型测试结果的准确性。任何运用性格类型测评系统的人都应该有足够的能力和时间来帮助所有的被测试者核实自己的性格类型测试结果，包括对被测试者的性格类型测试结果做出详尽的描述，然后交给他来审核测试结果。②一般情况下，被测试者是性格类型描述符合与否最好的判定人。③必须以互动交流的方式（面对面或通过电话）给予被测试者足够的性格类型理论和个体类型测试结果方面的信息。性格类型理论中使用的许多是专业术语，尽管可能是同样的用词，但含义与我们日常生活中的理解有很大的差别。如外倾/内倾，就不完全等同于我们一般说的外向/内向，还有主导/被动、直觉/触觉、情感/思维、判断/知觉，都有特别的含义，不能按这些词字面的含义来理解。所以，如果没有专家做详细的讲解，一般人很容易理解错误。

在职业规划中应用人才测评的原则如下。

（1）选择科学可靠的人才测评工具。现在社会上出现了不少人才测评工具，大部分人才测评工具是已经被淘汰了的，也有一些性格分类不够规范。目前，世界上得到最普遍使用和公认的性格测试之一是美国的 MBTI。MBTI 主要应用于职业发展、职业咨询、团队建议、婚姻教育等方面，是目前国际上应用较广的人才甄别工具。人的性格倾向，就像分别使用自己的两只手写字一样，都可以写出来，但惯用的那只手写出的字会比另一只更好。每个人都会沿着自己所属的类型发展出个人行为、技巧和态度，而每种类型的人都存在着自己的潜能和潜在的盲点。MBTI 是一把深入、系统地了解人的本我的奇妙的钥匙。它揭示了不同类型的人有不同的本能的、自然的思维、感觉、行为模式，同一种类型的人本能的、自然的思维、感觉、行为模式又是何其的相似，从而使我们明白为什么不同的人对不同的事物感兴趣，为什么不同的人擅长不同的工作，人们为什么不能相互理解、有效配合。所以，选择学习的专业、进行职业定位和职业规划，MBTI 是最好的工具之一。

（2）因为中国的文化、职场环境和西方国家不同，不能照搬它们的人才测评工具，要选择适合中国文化、已中国化的人才测评工具。

（3）无论是哪套测试题，只是通过回答人才测评软件或书面的测试题来确定性格类型的准确率都不高。人才测评报告往往只有笼统的建议或许多选择，被测试者常常无所适从。所以，人才测评结果不管多准，都必须有经验丰富的职业规划师针对每个人不同的具体情况，提出具体的专业选择和职业规划的解决方案，只有这样，人才测评才能在实际的专业选择和职业规划中发挥其重要的指导作用。

4.4 人才测评与绩效管理

绩效管理作为人力资源管理工作的核心，对其他人力资源工作起着承前启后的作用。没有一个完善的绩效管理系统，以及对其进行恰当的实施，人力资源管理工作就很难开展。每个组织都知道绩效管理是人力资源管理工作的关键，然而在绩效管理的实践中，它又是一个人见人怕的“烫手山芋”，往往得不到经理的喜欢，也得不到员工的支持。这些症结不是无缘无故形成的，而是缘于一系列对绩效管理的不正确理解和对绩效管理工具的不恰当使用。对于何为绩效、绩效指标应当如何设计、绩效管理实施的关键是什么，大部分绩效管理的实施人员只有一个模糊的概念，往往只是凭经验和感受去做，结果自己落入了绩效管理误区中却百思不得其解。尝试在整合前人各种有关绩效管理论述的基础上，结合过去管理工作与咨询工作中的感悟，对绩效管理及其操作进行深入的剖析。网络经济时代，很多人认为“以快取胜”，但事实上，正如运动员一样，速度当然是取胜的关键，但是如果没有良好的身体素质，这个速度只是偶然性的。正如盛大创始人陈天桥感叹：“盛大现在到了往前走是悬崖，后面又有很多追兵，只能选择走面前那条独木桥的时候……网络游戏市场不会像以前那样高速成长，现在一个决策失误就可能导致全盘皆输的结果。”所以，速度只是表面，良好的身体素质才是关键。这个良好的身体素质的形成就是组织发展的各个阶段中的优秀绩效的积累。美国著名管理学家 R. 韦恩・蒙迪等人在其《人力资源管理》一书中写道：“员工绩效评价是组织成长的一个潜在机制。对经理们来说，意识到绩效评价必须是全面的并且是一个连续的过程，而不是每年才发生一次的事情，这一点十分重要。但无论是绩效评价还是绩效管理，作为组织管理的一个系统或子系统，都是非常复杂的，以致有些人认为绩效评价反而起到相反的作用。”著名的管理学者爱德华・劳勒注意到：“相当多的资料表明，绩效评价既不能激励个人，又不能有效地指导他们的发展。它们制造了上级和下级之间的矛盾，并导致对组织的不良行为。这只是统计资料显示的结果，不可排除它本身包含了管理者对绩效管理失败的理解和操作，因为很多经理把绩效评价过程看作最首要的工作负担，并且当有问题的员工不听从命令时，会给他们带来十分不悦的心情。”我们的观点是，任何管理系统都是一个工具，其管理效果的好坏关键在于运用是否得当。

4.4.1 绩效管理概述

“绩效管理是指通过协议，达成关于目标、标准和所需能力的统一框架，然后通过相互理解的方式，使组织、群体和个人取得较好结果的一种管理过程。”它是 20 世纪 80 年代后期，在吸收功绩评议、目标管理、绩效评估等管理理论的精髓的基础上发展起来的一种先进的管理机制。总体来说，它是通过测量和评估“投入—过程—产出—结果”模式，以达到提高效能的目的，其中，“投入—过程—产出—结果”模式包含组织的和个体的两大部分，组织效能的提高是绩效管理的最终目的，而对个体的“投入—过程—产出—结果”模式的管理则构成了绩效管理的主要内容，通过对组织中个体的“投入—过程—产出—结果”模式的测量和评估达到提高个体绩效的目的，最终实现组织绩效提高的目的。因此，企业的绩效管理实质上是可以通过人才测评的手段来达到提高的效果的。绩效协议是组织通过协商确定绩效要求，它为绩效管理的开展提供了基础，并确定了方向。对人才测评来说，绩效协议的制定意味着考核标准的确定，绩效管理要求将绩效协议中所提出的绩效要求在管理实践中加以贯彻和执行，这也就成为绩效管理对人才测评提出的要求；而人才测评的首要工作是根据工作分析确立人才测评指标体系，这恰恰满足了绩效管理的要求。同时，要实现提高绩效的目的，必须要了解当前绩效状况，也就是对个体的“投入过程”因素及“产出结果”因素的测量与评定，这是人才测评工作不可或缺的内容。人才测评正是在确定的人才测评指标体系中对“投入过程”因素和“产出结果”因素所做的测评，它满足了绩效管理过程性的需要。

4.4.2　“人才测评+绩效管理”

人才测评是实施组织绩效管理的重要环节，它在组织绩效管理中的重要作用在于它为推动组织绩效管理提供了原动力，人才测评正是发挥组织绩效考核作用的先进考核手段。

（1）人才测评为组织绩效考核提供了客观的评价标准。人才测评最显著的特征在于它为组织绩效考核提供了客观的评价标准。在这一规范的标准体系中，对人员做出量值或价值的评判，是人才测评的评价功能所在。这种评价功能对于被考核者和其他人员来说具有导向作用，人才测评标准无形中已形成对被考核者的行为导向，同时又和奖惩机制结合起来，直接关系到被考核者的经济利益，影响他们的价值取向。因此，在组织目标体系的指导下，人才测评是一只无形的手，指导员工共同努力，促进组织发展，实现提高绩效的目标。

（2）人才测评有助于形成激励机制。人才测评结果的差异代表着被考核者在能力和成绩上的差异，这种差异能够形成对被考核者及其他人员的激励，通过人才测评将绩效突出的员工真正筛选出来，使这些人有一定的成就感和荣誉感，同时也给绩效一般者造成一种压力，促使他们不断改进工作、提高绩效，从而增强整个组织的凝聚力，有利于组织的共同发展和进步，促进组织绩效的提高。

（3）人才测评本身也是一种反馈机制。进行人才测评后，将被测评者的绩效状况和素质能力情况反映给包括考核主体在内的组织中的全部人员。对于被测评者来说，测评结果有利于他们去寻找自己取得成就和造成不称职状况的原因；对于测评人员来说，他们掌握着具体工作岗位对任职人员的要求，在了解被测评者现有情况的基础上，使他们能够自觉地调整自身的工作，减少内耗，形成一致行为，促进被测评者提高绩效。因此，通过这种反馈方式可以促进组织成员共同协调发展。

4.4.3 人才测评在绩效管理中的运作

如何有效发挥人才测评的功效成为推动组织绩效管理开展的重要方面。因此，在开展人才测评的过程中，应该做到以下几点。

1. 实施人才测评应注意的问题

在管理实践中，实施人才测评会受到诸多因素的影响。因此，要从多方面为人才测评的实施创造良好的环境。首先，组织管理体制的民主化程度是影响人才测评实施的重要因素。民主的管理体制是确保人才测评顺利进行的必要条件，它有利于为实施人才测评创造一种公平、民主的环境，只有做到人才测评面前人人平等，才能保证考核结果的公平性。其次，领导的重视程度也是影响人才测评实施的重要因素。领导的重视与支持直接影响人才测评的顺利进行，同时也是人才测评能否持之以恒的关键所在。再次，为了确保人才测评结果的客观性，必须要尽力克服人才测评中出现的主观偏差行为。作为人才测评体系执行者的测评人员必须要强化自身工作的客观公正性，一方面要求被测评者具有实事求是的优良品质，另一方面要求他们具有较高的业务素质，从而保证人才测评结果的客观公正。最后，人才测评的可行性还受到人才测评成本的限制。人才测评成本形成了对这一考核方式是否可行的有效的经济约束。考核的目的在于提高绩效，如果这种考核方式的成本过高，无疑将增加管理成本，管理成本的增加必然会导致组织绩效的降低，这同提高绩效的目的是相悖的。因此，人才测评无论是在指标的设计上，还是在实际的运作中，都应重视降低成本的问题。

2. 建立以工作分析为基础的人才测评体系

工作分析是人才测评的基础，是对组织中所有职务工作的性质、内容、任务、责任、要求、技术与环境条件及有关因素做全面系统的描述和记载。任何组织都有其既定的目标，在组织目标一定的前提下，根据组织目标对实现目标所需进行的各项工作进行分析，分析其包含的职责任务，以及完成任务所需的知识、技能、经验等。概括起来说，工作分析所提供的两项重要内容是每项职务工作所包含的全部内容，以及胜任该项工作的资格条件。职位评价是在工作分析的基础上，对每项职务工作在为实现组织目标的过程中所占的重要程度的确定，是对工作的难易程度、责任大小及地位和作用所做的评定。工作分析和职位评价可以为人才测评提供实质性的衡量准则。

3. 人才测评结果的再测评

通过对人才测评信息的收集与综合判断，得到人才测评的结果，这并不代表人才测评的终结。所获得的人才测评结果的有效性及可靠性还有待进一步检验，人才测评结果的再测评就是对人才测评结果可靠性和有效性的检验。

（1）效度再测评。效度是指人才测评结果反映被测评者被测特征的真实程度，效度再测评包括内容效度、结构效度和关联效度三方面内容。内容效度是实际测评到的内容同所期望测评到的内容的一致性程度，实际测评到的内容同期望测评到的内容越一致，代表着人才测评结果的内容效度越高，人才测评所得结果的有效程度也越高。结构效度反映的是测评所得结果同期望测评内容的同构程度，它表明了在多大程度上实际测评体系的结构能够被看作所期望测评内容在结构上的替代物。关联效度是测评结果同某种标准结果的一致性程度，它常用于检验效标参照性测评的效度。

（2）信度再测评。信度是指测评结果反映所期望测评内容的准确性程度，一般可以用再测信度、复本信度、一致性信度、评分者信度等系数检验信度的高低。通常来说，测评结果的信度受到测评方法及测评者的影响。高信度的测评者和高信度的测评方法相结合可以获得高信度的测评结果；高信度的测评者和低信度的测评工具相结合，低信度的测评者和低信度的测评工具相结合，以及低信度的测评者和高信度的测评工具相结合都无法获得高信度的测评结果。因此，提高测评结果信度的关键在于选择高质量的测评工具、训练测评者、提高测评者的水平，以及控制测评过程及其系统误差。

4. 建立完善的测评与考核后的激励措施

人才测评的目的不仅仅在于了解人员绩效的现有状况，更重要的是通过对工作绩效现有状况同组织目标的比较和分析，运用恰当的奖惩激励方式，促进组织、群体及个人改进工作，达到提高绩效的目的。因此，测评所得到的结果作为对人员实施考核的依据，应该同人力资源管理的一系列奖惩激励机制结合起来，以形成对个人和群体的有效激励，健全和完善测评结果的运转和使用机制。作为一种科学的管理手段，以人才测评结果为依据可以促进人力资源管理职能的有效实施。因此，作为现代组织绩效管理的重要环节的人才测评应受到重视，并在管理实践中予以不断的完善，以达到推动组织提高绩效的目的。

4.5 人才测评与人才盘点

人才盘点，就是全方位评价人才，让高潜人才浮出水面。通过人才盘点，清晰地了解组织中人力资源的状况。通过对人力资源的分析，查找与组织未来发展战略的差异度，以做出更清晰有效的人力资源规划。也可以进一步掌握人才稳定性、优劣势、未来发展方向并确定核心骨干。人才盘点的价值在于分析人力资源的现状，将盘点的结果与奖金分配、薪酬调整、培训计划制订、员工职业规划、人才配置等进行关联，以有效地支撑组织的战略发展。

4.5.1 人才盘点概述

传统人才盘点存在的问题包括：①未将人才盘点作为日常管理工作，组织是在业务发展过程中发现人才支撑力不足之后才开展人才盘点；②引用了不科学的标准或者缺少测评工具，仅仅依据绩效进行评估，缺少对未来发展的潜力进行关注，缺乏有效的标准和工具来评价人才的绩效和潜力；③人才盘点流于形式，认为人才盘点就是人力资源部的业务，每年都会开展，却没有将结果进行应用。

“尺有所短、寸有所长”，每个员工都各有优势利弊，如何盘点出合适的人才进而发挥其潜能是人力资源的关键。社会角色、自我形象、特质和动机这类内在的、难以测量的素质特征隐含在“冰山”下方不易被考查，而中高级人才的选拔更是组织关心的头等大事，核心职位的人选确定一定程度上成为关乎组织生存发展的重要筹码。在世界 500 强组织里，人才测评应用非常广泛。人才测评是选贤任能的一种科学方法和手段，它综合利用心理学、组织行为学、管理学、统计学、计算机技术等多种学科和技术，通过建立科学的常模和评价体系，对人的智力水平、能力结构、个性特点、职业倾向、发展潜能等素质进行综合测评。

4.5.2 人才盘点企业应用分析

中国企业面临人力资源转型升级的要求，而人才盘点在转型升级中发挥着越来越重要的作用。人才盘点是人力资源转型升级中的发动机。常见应用分析如下。

1. 业务转型

当一家企业提出业务转型时，发生变化的绝不仅仅是业务策略，组织内部每位员工的心智模式、行为习惯都需要进行相应的调整，以匹配业务的变革。人才盘点可以帮助组织重塑人才观和人才队伍，实现“上下同欲”。

2．组织激活

组织经历过初创期、成长期，慢慢进入倦怠期，当团队慢慢丧失当年拼搏的勇气时，“小白兔”会在组织内慢慢滋生，甚至造成“死海效应”。人才盘点可以帮助组织驱逐“小白兔”，激发活力。

3．梯队建设

作为一家企业的 CEO，当你计划大展宏图时，往往会发现：人才供给速度永远跟不上企业发展的速度，“缺人”成为中国企业快速发展的一只“拦路虎”。进行阶段性的人才盘点、加强梯队建设，可以帮助企业构建有效的人才供给。

4．人才审计

企业初创期无暇顾及人才，重“数量”不重“质量”，人才管理留下一本“烂账”。长此以往，最终给企业埋下不可逆转的“隐患”。人才盘点可以帮助企业盘活人才资源，实现优胜劣汰。

5．高潜识别

复杂的组织，往往拥有等级森严的层级结构，基层高潜人才往往没有“曝光机会”，悄无声息地流失了。人才盘点可以帮助组织提前识别高潜，为组织保留核心人才。

4.5.3　人才盘点工具

1．人才测评潜能矩阵

用人才测评潜能矩阵做人才盘点有两个维度——绩效考评和人才测评。在人才测评潜能矩阵中，纵轴是绩效考评、KPI 或一些量化的结果，横轴是人才测评，它反映的是人才潜能。通过绩效考评和人才测评，了解人才队伍状态和人才特点，制订培训开发计划，帮助员工认识自我、发展自我、突破自我。人才测评潜能矩阵有一些使用原则，具体如下。

（1）定期检查，一般是每个年度组织开展 1 次，多放在年度绩效评价后 1~2 个月内进行，主要为审视绩效。

（2）贡献和素质评估，也可以审视潜力。

（3）人才测评潜能矩阵的作用人群规模建议大于 40 人。

（4）直接上级确定人才测评潜能矩阵的位置时，需要与下属进行一对一沟通。

（5）人才测评潜能矩阵的结果及应用需要经过至少两级审核，把人才对号入座之后，再去识别关键人才，进行人才发展、晋升和激励。

2. 岗位矩阵图

岗位矩阵图也叫岗位匹配度矩阵，可以帮助主管明确各岗位的满足度、匹配度、人员潜力，有力支撑组织人才的选用预留。如果经常做分析，就可以很清晰地看到组织内部人才的全貌，既有组织结构、上下级关系，又有人员信息和人员状态，各种情况一目了然。岗位矩阵图需要实时刷新，至少每个季度要刷新一次，确保信息的正确性和及时性。岗位矩阵图基本上可以满足对应业务部门的人才盘点和组织审视的要求。它尤其适用于管理层和人力资源的盘点。

3. 人才潜力与效能

高潜力人群一般可以从变革敏锐力、结果敏锐力、人际敏锐力和思维敏锐力来识别。变革敏锐力高的人，能够积极引入新的观点，喜欢创新，喜欢开拓。结果敏锐力高的人，目标导向和成就导向很强，对标准要求高。人际敏锐力高的人，在人际情感方面能够通过交流、倾听、自我察觉及协调，达到目标。思维敏锐力高的人，在工作中比较追求卓越，会产生很多具有灵动性的方法。高潜力（学习力）的人在思维心智、人际情感、结果导向等方面表现都比较突出。这里推荐给大家一个潜力测试标准，方便大家对人才的潜力进行评估和测度。高潜力 S——在 1 年之内有能力承担更高的职责或挑战；中潜力 A——在 2 年之内有能力承担更高的职责或挑战；低潜力 B——在 3~5 年内有能力承担更高的职责或挑战；无潜力——未看到几年内有能力承担更高的职责或挑战；卓越绩效 S——每次工作都出类拔萃，成为公司甚至行业内的榜样；优秀绩效 A——几乎总是能够出色地完成任务，是值得信赖的、公认的优秀员工；良好绩效 B——基本能够较好地完成工作任务，工作表现较为稳定；有待改善绩效 C——工作业绩未达到要求。

4. 工作量分析和效能提升表

以某个 HR 为例，每天要做招聘网站、面试、指导实习生、参加周会、劳务派遣，每天、每周用时多少，占工作量的比例是多少。HR 配合主管，根据工时的统计呈现结果，进行分析调整，可以帮助员工管理时间，引导员工更关注关键路径上的重点工作，聚焦工作重心。对于任何公司，在做人才管理和运营的时候，最需要做好的就是员工效率的提升。

5. 内部人才的买卖机制

这里分享一个比较成功的案例，叫作内部人才的买卖机制。某公司有 A、B、C、D

四个业务部门，每个业务部门的岗位成员配置结构基本类似，但是由于业务差异，导致每个组织的不同岗位会有冗余，如何解决并快速在组织中发现人才呢?

（1）把可标准化的工作全部标准化，可平台化的业务全部平台化，并且提炼出标准，包括职级、用时、产出等。

（2）允许部门与部门之间对人才进行买卖和短期置换。如张三是 A 部门的，李四是 B 部门的，张三是个高级员工，李四也是一个高级员工，但是 B 部门觉得张三其实比李四厉害。他向 A 部门提要求说要置换，或者邀请张三过来，短期的劳动关系都划给 B 部门，所有成本由 B 部门来给张三买单。置换期结束进行结算，并统计后台数据。做了类似的操作后，我们发现张三这个人被频繁借用。那么问题来了，要么是张三有一种能力是整个公司不具备的，属于稀缺技能；要么就是张三的相对能力，在这个层级极其优秀，以致用这个级别的成本雇佣张三，任何部门都觉得占了便宜。那么，张三就必须要被升级、加薪，从而让人才的非常规使用“平静”下来。通过类似的操作方式，容易准确识别优秀员工，可以帮助优秀员工快速到达能力匹配的层级并获得应有的酬劳，也可以充分识别高潜人才，为优秀员工打开绿色通道。长期进行类似买卖机制的评估分析，可以帮助员工进一步明确工作时间和工作内容的分配，确定重点工作可能需要的资源，帮助员工找到提升的空间。

4.6　正确使用人才测评

4.6.1　理性看待人才测评

人才测评在人力资源管理决策中能起到辅助性作用，帮助 HR 和部门经理在较短时间内全面且客观地了解目标人群多个方面的特性。但是，人才测评因其本身的局限性和使用特性，最好的人才测评工具的准确率也不可能超过 80%。因此，人才测评不是万能的，不能完全代替 HR 和部门经理行使最终决策的权力，只可以作为决策的参考依据。目前，在中国的人才测评中，主要有 16PF、Y-G 性格测验、FPQ 等十几种测试系统，大部分为国外人才测评系统直接汉化的结果，真正独创的人才测评系统很少。关于个人的能力测试，不仅包括计算机测试，还应该包括情景模拟测试、面试等。总之，应该对人才进行多方面、多角度的测评，否则可信度就值得商榷。另外，专业较强的测评公司应该及时跟踪其客户，以检验其测评效果。

4.6.2　明确人才测评的功能

在选用人才测评工具时，首先要有清晰的目的。人才测评具有多方面的功能，归纳起来主要有以下三个方面。

1. 甄别评定功能

甄别评定功能是人才测评最直接、最基础的功能。甄别评定是指对人才素质状况优劣、水平高低的鉴别和评定。甄别是测量个体之间的素质差异，评定是衡量被测者素质构成及其成熟程度，看其是否具备规定的资格条件和常模标准。

2. 诊断和反馈功能

诊断和反馈是相互联系、相辅相成的功能。诊断是指通过测评找出被测者素质构成及发展中的问题及不足。反馈是指根据测评结果提供调整和改进被测者素质缺点的信息，分析缺点和不足及其产生的原因，提出诊断意见和素质优化开发方案，帮助其克服缺点，发扬优势，推动其素质全面发展。

3. 预测和激励功能

预测和激励功能与上述两个功能紧密相连，并为其所派生。预测功能是指通过对人才素质现有状态的鉴别评定，可以预知推测其素质发展的趋势。这种预测的有效性取决于人才素质特征的稳定程度。激励功能是指通过对人才素质诊断和反馈，使被测者增强进取心，促使其勤奋学习、努力工作，尽快掌握一定的知识和能力，充实完善自我，通过不同途径培养提高自己，立志成为对国家、对社会有用的人才。

组织在选拔中高级人才的过程中，主要倾向于第一层功能，即根据人才测评软件评判被测者的潜层素质模型，进而做出录用与否的判断。这便要求在选择软件时有所区分，着重关注区别和评定功能较强的人才测评软件。

4.6.3 正确对待在线测评和软件测评

目前市场上各类人才测评软件琳琅满目，不少人认为编成计算机软件的人才测评工具是最科学、最先进的。其实不然，人才测评软件更多地是将题目答题方式和分数统计技术化，和人才测评工具本身的信度和效度指标并不存在直接的因果联系。一个成熟的人才测评工具没有 3 ~ 5 年甚至更长的时间是不可能成功进入应用市场的。因此，在选择人才测评工具时，主要是看其在信度、效度等技术指标上的高低，而不是一些形式上的东西。目前人才测评工具的研发准入门槛低，各种人才测评软件充斥市场。从几百元到几万元，价格不一而足。部分人编制工具时缺乏理论依据，程序不够规范，导致市场上充斥了很多信度、效度不高的人才测评工具。这种商业化的结果，首先，会对使用者产生一定的误导，损害组织和个人的利益。其次，也影响了行业整体声誉。这便要求组织在选择合适的人才测评方法时应理性分析、客观评断，不要将人才测评只当作一个工具看待，而是将其视为糅合了心理学、人力资源管理、组织行为学等多学科的专业技术。

4.6.4　定制服务

定制服务，而不是选现成软件。在 500 强组织中，90%以上都会选择一个优质的人才测评供应商，采用将人才测评外包的服务方式，借助供应商的专业能力和实践经验保证人才测评工具的准确率。国内大多数组织都试图自己建立一个内部的人才测评中心，选择一种或几种软件来应对当前的问题，对供应商的考查往往以价格作为主线，追求软件的可操作性，而非服务的专业性。人才测评工具的准确率取决于两个方面：一个是选择工具的水平，一个是应用工具的水平，而后者可能是专业的人才测评供应商的核心优势所在。因此，未来越来越多的组织将习惯于把人才测评的相关服务外包给战略性的人才测评供应商，以减少管理难度，提高效率。

4.6.5　向咨询公司咨询

人才测评关乎组织整体，不局限于人力资源部。在开放度越来越高、市场化竞争越来越激烈的行业环境下，针对不同的需求，人才测评的实施策略和工具也各不相同，应当事先明确实施人才测评的目的和针对的岗位、针对的人群，才能对症下药。引入人才测评不是简单地引入一种人力资源管理工具，而是引入一种新的管理理念、管理机制，需要人才测评项目涉及的层面都能对此有合理与科学的认识，因为人才测评是一项综合的服务性工作，人才测评的过程和结果往往伴随着较高的成本支出和隐性的人力资源需求增长。一般企业、一般职位是不会愿意额外增加由人才测评带来的其他间接的人力资本、投资成本的，这在一定程度上“降低”了人才测评的实际价值。

4.7　人才测评与人工智能

“人工智能”（Artificial Intelligence，AI）于 1956 年的 Daetmouth 学会上被提出，是指由人工制造的系统智能。AI 在计算机及信息网络领域内，得到广泛的研究和应用，在机器人、决策系统、仿真系统中也得到了应用。赵溪雅等指出：“当人才测评引入 AI 这一理念，首先借助 AI 的深度学习，人才测评的精准性也将愈加完善。”在大数据技术的支持下，人才测评可以在处理报告时，有效减少传统人才测评的归因效应、异性效应、首因效应、晕轮效应、对比效应等缺陷和弊端。大数据与 AI 相结合将打造一个新的人才测评平台。新的人才测评平台可以运用到招聘面试环节及内部晋升环节，通过人才测评来真正显示人才的真实能力。将 AI 与人才测评相融合，借助计算机和 AI 强大的计算和预测能力，通过人才测评手段的应用，对组织的岗位进行设计再造和匹配就能够达到科学合理的人岗匹配。在科技发展中，AI 能将人才能力指标量化总结，当被测试者与大数据中存储及 AI 中的标准相符时，即可获得聘用。这样的技术具备许多由人工所达不到的优势。所以，有理由相信，以 AI 技术应用的人才测评将会成为未来的趋势。

北森系统的成功应用，让我们看到了心理学理论和测量技术，在按照一定的流程、规则设计成系统后，加上 AI 的算法，对被测试者的测评体现出了非凡的能力。利用大数据技术，会使人才测评数据更加便捷、高效、精准。大数据技术、AI 与人才测评的有机融合，能利用优化算法对人才测评的误差进行优化计算、误差修正及分析预测，更准确地达到人岗匹配，更有利于“复合型”人才的培养。Hire Vue 成立于 2004 年，致力于网上视频面试，它的系统通过分析面试视频中面试者的表情变化及问答，进行人才测评，目前视频面试已经得到了广泛的应用。Pymetrics 成立于 2014 年，是进行软技能测评的公司，它结合认知科学和神经学原理设计了测评游戏，通过追踪被测评者玩游戏的相关数据，分析并判断被测评者的软技能与拟聘用单位软技能要求的拟合度。联合利华公司、凯悦酒店集团、埃森哲、特斯拉等已经使用这种技术对技术人员、销售人员及客服人员的软技能进行测评。麦雅是 2016 年发布的面试机器人，主要用在初次面试环节，用面试机器人进行候选人初试，节省了面试者的时间，也降低了招聘单位的招聘成本。

参考文献

[1] 桂萍，彭华涛. 人员测评与选拔[M]. 北京：科学出版社，2019.
[2] 闫巩固，高喜乐，张昕. 重新定义人才评价[M]. 北京：机械工业出版社，2019.
[3] 张文贤. 人才测评（第 2 版）[M]. 北京：科学出版社，2018.
[4] 姚伟民. 鉴定、预测、激励——人才测评理论在我国发展的现状及应用研究[M]. 长春：东北师范大学出版社，2018.
[5] 风里. 领导力语法：特质决定成败[M]. 北京：机械工业出版社，2018.
[6] 赵曙明，赵宜萱. 人才测评——理论、方法、实务[M]. 北京：人民邮电出版社，2018.
[7] 李洪伟，吴迪. 心理画：绘画心理分析图典[M]. 北京：人民邮电出版社，2018.
[8] 王红，徐珊珊. 人力资源第三方服务工作手册[M]. 北京：中国劳动社会保障出版社，2018.
[9] 许志星. 人才甄选——原理、工具及方法[M]. 北京：经济科学出版社，2018.
[10] 林友财，曹知. 论人才测评方法在校园招聘中的应用[J]. 经贸实践，2018（15）.
[11] 晁将伟，苏昭栋. 浅析人才测评的功能、方法及在我国发展的现状[J]. 商情，2013.
[12] 蔡锦胜. 人才测评方法研究的重点[J]. 经营管理者，2016.
[13] 张晓丹，李丽平. 关于人才测评方法的分析[J]. 经贸实践，2015.
[14] 李双双. 论人才测评在企业绩效管理中的功效[J]. 人力资源，2006.
[15] 马玉凤. 人才测评技术在现代培训中的应用[J]. 人力资源，2014.
[16] 陈思. 人力资源测评在人力资源管理中的应用[J]. 思想文库，2018.
[17] 张欣莹. 北森公司基于互联网模式构建的人才管理云计算平台[J]. 人力资源，2016.

[18] 黄路军. 人才测评技术在企业人力资源管理中的应用探讨[J]. 人力资源，2018.
[19] 肖明星. 人才测评在招聘中的应用和效果[J]. 管理世界，2014.
[20] 汪轶. 浅析人才测评技术在企业招聘中的应用[J]. 管理观察，2015.
[21] DETERDING S，KHALED R，NACKE L E，et al. CHI 2011 Gamification Workshop Proceedings，May 7-12，2011[C]. Vancouver: ACM，2011.
[22] LOWMAN G H. Moving Beyond Identification：Using Gamification to Attract and Retain Talent[J]. Industrial and Organizational Psychology，2016，9（3）: 677-682.
[23] 杨振芳，孙贻文. 游戏化招聘：人才选拔的新途径[J]. 中国人力资源开发，2015（24）：45-50.
[24] HAFERMALZ E，DERY K. Gamification as An Assessment Tool：Why Play the Game? [M]. Sydney: Disrupt，2014.
[25] ARMSTRONG M B，FERRELL J Z，COLLMUS A B，et al. Correcting Misconceptions about Gamification of Assessment：More than SJTs and Badges[J]. Industrial & Organizational Psychology，2016（3）：671-677.
[26] 孙鑫，黎坚，符植煜. 利用游戏 log-file 预测学生推理能力和数学成绩——机器学习的应用[J]. 心理学报，2018（7）：761-770.
[27] 马玉凤，王婧. 人才测评技术在现代培训中的应用[J]. 全国流通经济，2014.
[28] 李鲁平. 履历分析[M]. 北京：机械工业出版社，2000.
[29] 赵溪雅，吕冰玉. 以人工智能为基准的人才测评[J]. 消费导刊，2018.